PERDÓN

ATRIA ESPAÑOL
Una división de Simon & Schuster, Inc.
1230 Avenida de las Américas
Nueva York, NY 10020

Primera edición en rústica de Atria Español: abril de 2015

ATRIA ESPAÑOL y su colofón son sellos editoriales de Simon & Schuster, Inc.

Para obtener información respecto a descuentos especiales en ventas al por
mayor, comuníquese con Simon & Schuster Special Sales al 1-866-506-1949
o a través de la siguiente dirección electrónica: business@simonandschuster.com.

La Oficina de Oradores (Speakers Bureau) de Simon & Schuster puede presentar
autores en vivo en cualquiera de sus eventos. Por más información o para hacer una
reservación para un evento, llame al Speakers Bureau de Simon & Schuster, 1-866-
248-3049 o visite nuestra página web en www.simonspeakers.com.

Diseño: Esther Paradelo

Impreso en los Estados Unidos de América

10 9 8 7

Datos de catologación de la Biblioteca del Congreso

Rivera, Chiquis.
  Perdón / Chiquis Rivera.—Primera edición.
     pages cm
  1. Rivera, Chiquis. 2. Rivera, Jenni. 3. Singers—United States—Biography.
I. Title.
  ML420.R64A3 2015
  782.42164092—dc23
  [B]
                              2014049597

ISBN 978-1-5011-0485-5
ISBN 978-1-5011-0486-2 (ebook)

PERDÓN

Chiquis Rivera

CON **María García**

ATRIA ESPAÑOL

NUEVA YORK   LONDRES   TORONTO   SÍDNEY   NUEVA DELHI

Dedico este libro con todo mi corazón a mi gran amor, Dios. Tú nunca me has rechazado ni me has desamparado, incluso cuando lo he merecido. Podré sentir que me falta mi madre o mi padre en este mundo, pero jamás me faltarás Tú.

A Guardian Angel for You

An angel watches over you
in everything you do.
The Lord has sent her down to earth
to guide and comfort you.

She'll see you through your sadness
and help you through your pain.
She understands the feelings
that words cannot explain.

This angel's a reminder
of God's amazing love —
A gift to fill your heart with hope
and strength from up above.

June 26 2012

I am sending
an angel ahead of you
to guard you along the way,
and to bring you
the place I have prepared.

EXODUS 23:20

My precious Daughter
I know this is a special
Birthday for you, I know.
there are troubles, confusions,
doubts & insecurities in your mind
thats normal mija. I also know
that everything will be ok. You Will succeed.
I promise you that. I know there are cert
things you dont understand about the
that brought you into the we
know that I only have
in mind and heart
But my love
Fade

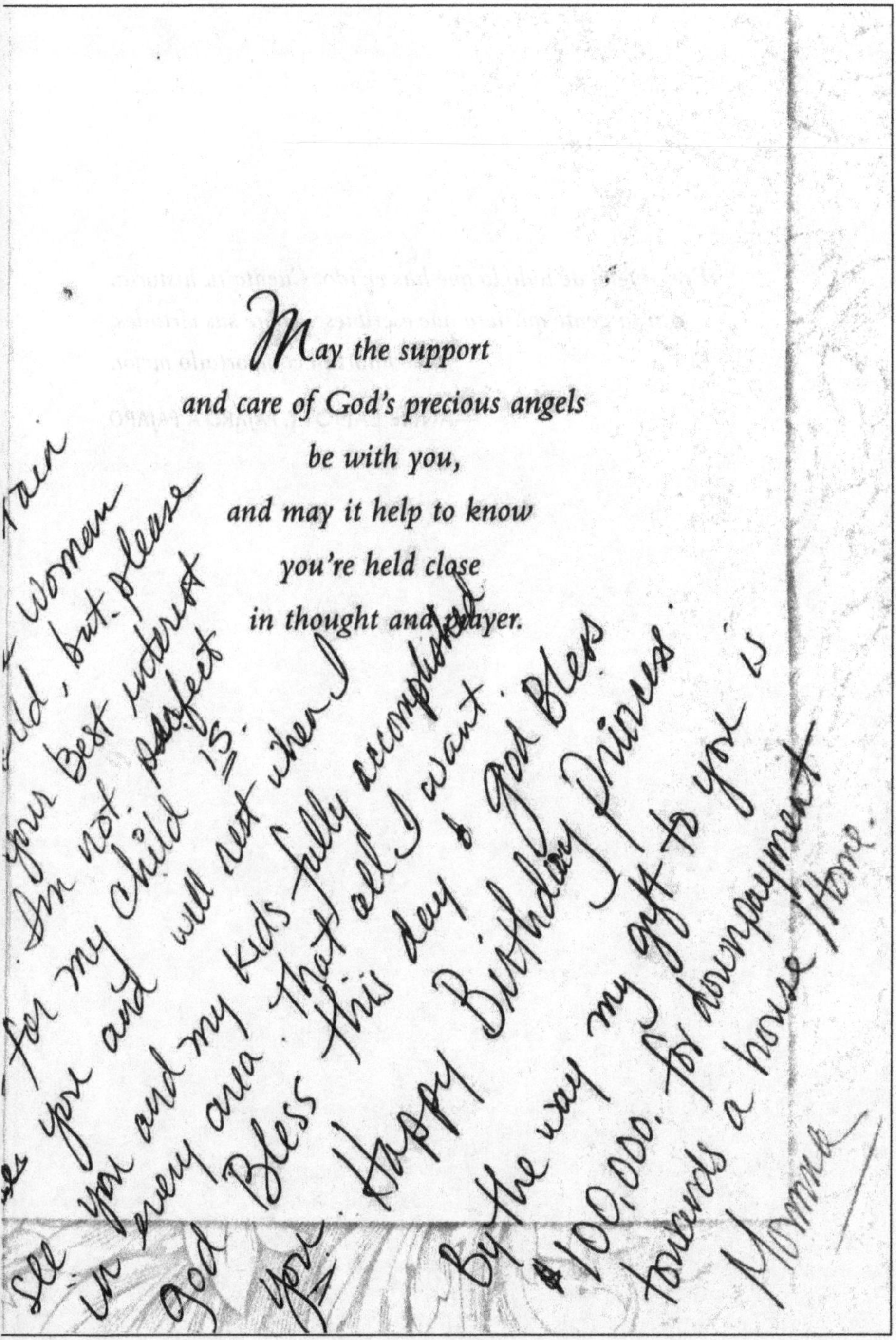

May the support
and care of God's precious angels
be with you,
and may it help to know
you're held close
in thought and prayer.

[handwritten note:]

...woman...ld, but please...your best interest...for my child 13. Am not perfect...see you and will rest when I...you and my kids fully accomplished...in every area. That all I want is...God Bless this day & God Bless...you. Happy Birthday Princess I...By the way my gift to you is...$100,000. for downpayment...towards a house/home.

Momma

Eres dueño de todo lo que has vivido. Cuenta tu historia.
Si la gente quisiera que escribieses sobre sus virtudes,
se habrían comportado mejor.

—ANNE LAMOTT, *PÁJARO A PÁJARO*

ÍNDICE

1.	Garajes y bicicletas	3
2.	La princesa del *swap meet*	7
3.	La casa de la 55	19
4.	Un día de playa	23
5.	Jugando a las casitas	31
6.	Estalla la bomba	35
7.	Ni quinceañera ni *Sweet Sixteen*	43
8.	Yo soy el *Air Force*	55
9.	Besos sin mucha cama	67
10.	Cómo juzgar un corazón roto	75
11.	De rodillas ante Dios	89
12.	Patas frías, corazón caliente	93
13.	¡Que vivan los novios!	109
14.	Bailando con los celos	115
15.	Al chisme por los cuernos	135
16	Mucho azúcar	137
17.	El día en que perdí a mi madre	149
18.	Quien bien te quiere	161
19.	Cuando muere una dama	179

ÍNDICE

20. Graduada con honores   191

21. Pedazos de mi corazón   201

22. Polvo en el alma   207

23. El maldito video   215

24. Happy birthday, Mom   227

25. "Paloma Blanca"   233

26. Don't worry, no te preocupes   247

Epílogo   249

Carta a mi madre   253

Agradecimientos   257

¿Necesitas ayuda?   259

El día en que perdí a mi madre fue el 2 de octubre de 2012. Otra fecha más para mi calendario. Y para esta no hay tecla en el corazón que la pueda borrar.

Mi familia, sus fans, el mundo entero se despidió de Jenni Rivera el 9 de diciembre de ese mismo año, pero yo la perdí antes, en ese extraño martes a principios de otoño. Fue en ese momento cuando empezaron mi dolor y mi luto. El pesar más grande que hasta hoy arrastro.

Recuerdo nuestro último encuentro con lujo de detalles. El reloj marcaba las nueve de la mañana. Quedamos de vernos tempranito en Long Beach; nuestro querido y viejo Long Beach.

1.

GARAJES Y BICICLETAS

Creo que era invierno por el frío que golpeaba mis mejillas. Aunque en Long Beach es difícil atinarle; con la bruma del Pacífico californiano, las mañanas siempre están nubladas y una humedad fría cala en los huesos. Lo que sí recuerdo con todo detalle es la bicicleta: una de esas bicicletas baratas de paseo. Yo iba detrás, en el asiento para niños, amarradita como un tamal con gorrito, abrigo y no sé cuántos suéteres, y esos cachetes enormes sonrojados al viento.

Esta es la primera imagen que guardo de mi madre: pedaleando fuertemente, con las manos firmes en el manubrio; su cabello café oscuro recogido en una cola, con la cabeza bien en alto. Era 1989. Yo apenas había cumplido tres años, ella dieciocho, y nos acababan de robar el carro.

—*Baby*, ya casi llegamos, *don't worry*.

Recuerdo cómo me dijo "no te preocupes", y sus palabras lograban que ya no sintiera el frío. El vaivén de la bicicleta nos llevaba calle abajo, pasando frente a las casitas de jardines alineados y buganvilias enredadas en los porches. ¿De qué iba yo a preocuparme si mi súper Momma iba al mando?

La noche anterior me había despertado un ruido de vidrios rotos. Despacito, me acerqué a la única ventana que daba al callejón, y vi, a pocos pies, a dos tipos con máscaras de monstruos de Halloween metiéndose en el carrito de mi madre. Una carcachita de la que no recuerdo ni el color. Enseguida, las dos sombras salieron quemando llanta.

Justo entonces, mi madre, que lo había observado todo a mi lado, inmóvil en la oscuridad del cuartito, me abrazó muy fuerte y me llevó de regreso a la cama. No dijo nada, pero sus ojos echaban chispas. Ni rastro de miedo en su cara, y si lo tuvo nunca me lo dejó ver. Si no llego a estar yo, a esos malandros les hubiera ido como en feria. No lo dudo.

A la mañana siguiente mi madre se levantó más temprano e infló rapidito las llantas de una bicicleta. En un abrir y cerrar de ojos me tenía bien atada en el asiento de atrás, de camino a la escuela.

En aquella época, mi madre, Dolores Janney Rivera, era una chava más que ni soñaba con la fama ni con los grandes escenarios. Se había separado temporalmente de mi padre, José Trinidad Marín. Eran tiempos difíciles, de muchas idas y venidas. Mi Momma, una estudiante ejemplar en el Long Beach Polytechnic High School, salió embarazada a los quince y prácticamente tuvo que colgar estudios y planes de ir a la universidad para enfrentar su nueva realidad y jugar al matrimonio con el primer novio que tuvo. Mi padre, a quien todos llamaban Trino, se vio acorralado y sin salida a sus veintiún años, y no le quedó de otra más que hacerse cargo de mi madre. Así lo dictaba la tradición. Los dos venían de familias mexicanas inmigrantes, trabajadoras, que intentaban hacer de las calles de Long Beach y de Los Ángeles su nuevo hogar.

Y ahí en medio de todo estaba yo, en aquel garaje que daba al callejón en la parte de atrás de la casa de mi tío Gus, donde pasamos varios meses durmiendo las dos solas en un colchón en el suelo. Mi madre era demasiado orgullosa para pedirle a mi abuela que la aceptara de regreso. ¡Ah, no! Ella me sacaría adelante como pudiera, aunque fuera en ese garachito oscuro que no estaba muy bien equipado como vivienda. En él terminábamos todas las noches, las dos abrazadas debajo de las cobijas. Mi gran alegría era que amaneciera para salir de allí. Primero, al jardín infantil, y en la tarde a casa de mi abuelita Rosa, donde me cuidaban hasta que mi Momma saliera de trabajar.

En esos años, Chay, como la llamaban cariñosamente mis tíos, tenía dos trabajos: uno en una oficina y el otro en una tienda de videos. Sus días se hacían eternos, y los míos, deseando que regresara por mí, también.

Al caer la noche, nos esperaba el colchón tirado en el garaje. Y al lado del colchón, esa bicicleta con el asiento de bebé bien amarrado.

Así, como en la primera aventura en aquella bicicleta, cuya imagen guardo tan clara y con tanto cariño en mi mente, vería el resto de mi vida a mi madre o, mejor dicho, el resto de su corta pero intensa vida: sin miedo, pedaleando y con la cabeza en alto. Y con ese *"don't worry, baby"* constante en sus labios, que nos reconfortó más de lo que ella jamás pudo imaginar.

De esta manera comienza mi historia de grandes dichas y retos, de tropiezos, de éxitos y tragos amargos, pero lo más importante, de amor y perdón. Son experiencias que quiero compartir, porque la vida es siempre nuestra mejor maestra, y no podemos saltarnos ninguna lección.

2.
LA PRINCESA DEL *SWAP MEET*

La alarma sonó a las cuatro de la mañana y aunque la casa todavía estaba oscura, ya olía a café de olla. Mi abuelita Rosa me despertó. Como siempre, ya estaba peinada y maquillada:

—Ándele, mija, ándele, que la dejamos en casa.

¡Eso jamás! Ni loca me perdía un sábado en el *swap meet*. Brinqué de la cama y me vestí de volada.

El mercadito de los sábados era lo más emocionante en mi vida. Atrás había quedado el oscuro garachito de la casa de mi tío Gus. Ya estábamos viviendo con mis abuelos, y los sábados en el *swap meet* eran el gran evento de los Rivera.

Mi madre había salido de nuevo embarazada. No le quedó de otra más que mudarnos a la parte de atrás de la casa de Gale Avenue y aceptar la ayuda de mis abuelitos.

A mi pobre Momma, este embarazo le cayó como una patada. Chay era todavía muy chava, de unos 18 años, y otra vez veía sus sueños truncados. Aun así no dejó de ir a sus clases nocturnas de administración empresarial. Su vida era trabajar de día, cuidarme de noche, estudiar de madrugada y, ahora, dar a luz a otro hijo.

La recuerdo sentada en el sofá de mi abuela Rosa con su cabello negro y cortito. Lloraba día y noche. Creo que lloró los nueve meses del embarazo. Mi madre no creía en el aborto.

—Estoy bien, *baby*, estoy bien —me repetía cada vez que me acercaba a secarle las lágrimas.

Tanto lloró, que dio a luz a la bebita más bella del mundo. Hasta el día de hoy estoy convencida de que Jacqie llegó a sanar esas lágrimas y a iluminarnos a todos. Incluyéndome a mí. Eran los últimos meses de 1989, y me fascinaba la idea de tener una hermanita con quién jugar. Mi madre estaba feliz con Jacqie en sus brazos y pronto recuperó sus risas pícaras y su alegría de vivir, a pesar de que las escandalosas peleas con mi padre no cesaban.

Y con las peleas, el ir y venir. Los tres años siguientes desfilamos de casa en casa y de vuelta con los abuelos. Cada vez que mis padres se contentaban, buscaban donde vivir. Cada vez que se peleaban, mi madre, Jacqie y yo regresábamos con don Pedro y doña Rosa. Yo soñaba en secreto que discutieran para volver a la casa de Gale Avenue. Luego sería la casa de Ellis Street, cuando mis abuelos se mudaron unas calles más abajo, pero siempre en el oeste de Long Beach, y siempre en casas llenas de amor y aromas inolvidables.

¡Aaaah! Cierro los ojos y todavía puedo respirar ese olor fuerte a Pine-Sol que casi me asfixiaba. No he conocido mujer que trapee más los suelos que mi abuelita. Juro que podría entrar en el libro Guinness, con su mopa en mano, los rulos en el cabello y el cigarro en la otra mano. Mi abuela fumaba día y noche, como las actrices de Hollywood, hasta que se hizo cristiana y los cigarrillos volaron por la ventana.

Pero más que el Pine-Sol o el humo de cigarrillo, el otro olor que perfumó mi infancia fue el de los frijoles. Todos los días, sin excepción, mi abuelita ponía una olla de frijoles a cocer para que estuvieran listos cuando llegara mi abuelo. Mi abuelo Pedro se sentaba solo en la cocina, frente a un plato gigantesco de tan delicioso manjar y se lo comía enterito, con su queso y sus tortillas. Creo que por eso soy una frijolera, y a mucho orgullo. Frijoles con queso y tortillitas. No existe un aroma más gourmet en el mundo.

¡Y el sol! Recuerdo que entraba a raudales por las ventanas de la sala. Mi abuelita Rosa sabía cómo llenar la casa de luz y cariño. Son sensaciones que no encontré en otros rincones donde me tocó vivir. En la casa de la Gale y en la casa de la Ellis viví junto a mis tíos y a mi madre los momentos más felices de mi vida.

Y no sólo la casa de los Rivera era mágica. Aquellas calles y sus vecinos también tenían su atractivo. Al menos para mí.

Esos barrios eran un pozole de familias mexicanas y afroamericanas, todas juntas pero no revueltas. Mexicanos y morenos, decíamos nosotros. *Brown and black*, decían ellos. Entre los mexicanos, algunos eran recién llegados, otros, como mi familia, ya habían tenido a muchos de sus hijos acá. Nos llamaban *pochos*, porque supuestamente hablábamos mal el inglés y mal el español. ¡Pues se equivocaron con los Rivera! Mi abuelo Pedro nos corregía y regañaba todo el tiempo si decíamos una pochada. En la casa sólo se escuchaba música mexicana y veíamos televisión en español todo el bendito día. Mi madre se encargó también de inculcarme nuestras raíces mexicanas: las dos nacimos en Long Beach, me repetía, pero nosotras no *gotta go* a la casa, o *go to hell*, pendejo. Nosotras teníamos que irnos a casa, y vete a la chingada, pendejo. Era admirable lo bien que hablaba el español y lo bien que lo escribía mi Chay. Claro que en inglés también podía rayarle perfectamente la madre a más de un moreno o cholo que se pasara de listo. Y eso que no aprendí ni papa de inglés hasta que empecé el kínder. Pero con los años, la calle y los amigos le ganaron la batalla a mi abuelo y al español, y terminamos dándole un poquito al famoso Spanglish. ¡Pero poquito! Así somos las chicas de Long Bishhh.

—¡No andes de callejera! —me gritaba mi *grandma* desde esa sala llena de sol y fotos enmarcadas por paredes y mesas.

Demasiado tarde. Yo ya había dado portazo y caminaba de patio en patio, buscando a las otras niñas del vecindario. No lo podía remediar. Sentía el llamado de la calle. Me fascinaba invitarme sola a cenar en las casas de mis amiguitas para observar cómo se comportaban sus familias. Quería ver si se parecían a nosotros, a los Rivera, que siempre estábamos gritando, cantando y haciendo bromas pesadas... Quería comparar a las otras mamás con la mía y ver si eran tan trabajadoras como mi Chay.

Fueron días casi perfectos que Dios me regaló antes de que viviera lo que me tenía guardado el destino.

Mi abuelita me recogía de la escuela y luego subíamos al autobús que pasaba por la Long Beach Boulevard. Agarradas de la mano, entrábamos a Robinson's May, su tienda favorita, o al desaparecido Montgomery Ward, y pasábamos horas mirando y curioseando.

—Si te portas bien mientras elijo una blusa, te doy una *cuora* —me sobornaba con cariño.

Yo me emocionaba:

—¡Veinticinco centavos!

A mi abuela le encantaba ir de compras, siempre perfectamente maquillada y con su cabello de peluquería. Es obvio de quién heredé mi gusto por el *shopping*. ¡Tuve una buena maestra! Mi madre, en cambio, odiaba las tiendas. Incluso cuando llegó a ganar miles de dólares, era una tortura arrastrarla hasta el *mall*.

De regreso en el bus, mi abuelita Rosa me contaba una infinidad de historias de los Rivera.

Mi abuelo, don Pedro, llegó de Sonora, México, en los años sesenta. Rapidito juntó unos pesos trabajando en el campo o en gasolineras y mandó traer a mi abuela y a mis tíos Pedro y Gustavo, que todavía eran chiquitos. Mi madre fue la primera en nacer en California, aunque ella siempre bromeaba orgullosa: "Nací en los Estados Unidos, pero soy *made in Mexico*". Según mi abuelita, ella cruzó la frontera con mi Momma en la panza.

—No sé si te hicimos en La Barca, Jalisco, o en Caléxico, mija —le contestaba mi abuelita bien picarona.

Luego vendrían mis tíos Lupe, Juan y finalmente la más pequeña, mi tía Rosie, quien se convirtió en la *baby doll*, la primera muñequita de mi madre.

En esa época, Pedro, o tío Pete, ya estaba casado con Ramona y vivían en otra casa. Todavía no habían entregado sus vidas a Dios. Años después, tío Pete se convertiría en pastor de su propia iglesia. Su verdadera pasión. Yo fui la primera y la única nieta hasta que tuvieron a mi primo Petey cuando yo tenía dos años.

Tío Gustavo y su esposa Paty me regalaron mi primita Karina en el mismo año. La pasión de tío Gus eran las cámaras. Tenía un negocito de fotógrafo de quinceañeras y bodas.

Tío Lupe vivía con nosotros en esa casa ruidosa y divertida de los abuelos, aunque ya estaba casado con María. Trabajaba en Taco Bell y recuerdo que yo corría a la puerta siempre que llegaba para ver cuántos *hard tacos* me traía envueltos en una bolsa de papel. ¡Pura vida!

Mi tío Juan era todavía un adolescente y siempre andaba dando lata por la casa. Era muy amiguero y noviero. Se la pasaba metiéndose en problemas en la escuela, y enamorando a todas las chavas de la cuadra, pero yo era su verdadera princesa. Con los años, mi tío Juan se convertiría en mi protector y mi guardián, y en el hermano mayor que nunca tuve.

Y por último, mi tía Rosie, con la que sólo nos llevamos cuatro años. Mi tía, quien más bien parecía mi hermana, me trataba con distancia. No me dejaba tocar sus muñecas ni me dejaba subir a su cama. Yo me preguntaba si sería porque yo era más chiquita y jugar con enanos es una joda, o por celos, pues le robé la atención de su Chay querida.

Yo me moría por ser su *best friend*. Buscaba constantemente su aprobación para todo, pero ella siempre me gritaba: "¡Salte de mi cuarto!".

Muchos años después conocería la verdadera razón de sus constantes corajes. Su tormento, el mismo que me tocaría más adelante a mí, ya había comenzado por aquel entonces. Esa casa de Gale Avenue que para mí era un paraíso, para mi pobre Tía Rosie fue el calabozo donde le robaron su inocencia.

—Mija, ve a peinarte esas greñas. ¡Cómo crees que te van a ver así! —Mi abuela me apresuraba. No podíamos llegar al *swap meet* después de que saliera el sol. Había que estar allá para recibir el nuevo día.

Entré al baño que olía a la colonia de mi abuelo y me peiné a toda velocidad.

Mi abuelo era bien catrín. Se mantenía siempre en forma, bien peinado y muy perfumado, no importaba si tenía que ir a trabajar a una fábrica, a un bar o a una de las muchas tienditas que él mismo abría acá o allá. Pero su verdadera pasión, que terminó siendo la de todos nosotros, era la música. Don Pedro cantaba siempre que podía, en fiestas y concursos, y hasta en la ducha. Con esta pasión inició Cintas Acuario, su propia disquera. En aquellos locos años ochenta era puro casete. Mi abuelito grababa a los músicos locales en su garaje, y luego, con la ayuda de todos mis tíos y de mi madre, reproducían las cintas y salían a venderlas. Fue así como la casa comenzó a llenarse de aspirantes a cantante, sueños, bajo sextos y acordeones. Y fue así como a todos mis tíos, en un momento u otro de sus vidas, les dio por cantar. Entre tanto Rivera, ninguno imaginó que sería mi madre la que alcanzaría la fama más alta. Chay era la que menos vocación demostraba; en parte porque mi abuelo era muy duro con ella, y en parte porque ella misma sentía que eso de los clubs y los escenarios era asunto de hombres. ¡Y es que lo era!

Lo que sí está claro es que los Rivera, famosos o no famosos, todos cantamos y musiqueamos. Es lo que nos enseñó don Pedro. Qué le vamos a hacer…

—¡Córrele, sube! —me gritó mi abuela desde el asiento delantero de la van verde y viejita. Mi abuelo esperaba pacientemente al volante.

Ya habían empacado todo el tilichero y sólo faltaba yo. En veinte minutos estaríamos en el lugar más feliz del mundo… y no me refiero a Disneylandia.

—Abuelita, no te olvidaste de los huevos cocidos, ¿verdad? —Me aseguré de no quedarme sin mi lonche favorito. Esos huevos eran todo mi menú, y los devoraba tan rápido que me atragantaba.

Con el primer rayo de sol estacionamos en el lote gigante y todavía vacío de Paramount Avenue. Rapidito plantamos la carpa azul, antes de que llegara la bola de gente. Todavía recuerdo el olor del plástico de esa carpa que me fascinaba.

Poco a poco, acomodamos las mesas plegables con los casetes ordenaditos encima; unos nuevos, otros usados, algunos pirata y otros de los artistas de mi abuelo.

Mi abuelito, siempre con su mentalidad de empresario musical, colocaba un vaso frente a las mesas y en cuanto llegaba el gentío, mi abuela me ponía a bailar y cantar.

—¡Muévele, muévele, mi Chiquis!

Entre risas y palabras amables, la gente dejaba caer monedas en el vasito. Yo, animada por tan rotundo éxito, cantaba las letras de las canciones de esa música que el mexicano se trae en su morral cuando se va para el norte: Los Razos, Saúl Viera y Ezequiel Peña. Cómo no, también bailaba al ritmo de los artistas que mi abuelo representaba con la ilusión de que pegaran en grande: Chalino Sánchez, el Lobito de Sinaloa, Las Voces del Rancho y su favorita, Graciela Beltrán. Después, lógicamente, cuando comenzó a cantar mi tío Lupe lo tocamos a morir por esos parlantes desconchados. A mi madre no alcancé a escucharla por los pasillos del *swap meet*. Sus canciones llegaron un poco más tarde, cuando yo ya era una adolescente y había cambiado esos sábados mágicos en el *swap* por las amigas.

Pero, sin comerlo ni beberlo, mi abuelo Pedro, con su terquedad y tenacidad de pequeño gran empresario, y acompañado de mis baileteos, estaba escribiendo historia. Décadas después lo reconocerían como uno de los pioneros de las estrellas del *swap meet*. Programadores de radio y grandes disqueras se pasearían por esos puestitos para descubrir a los nuevos artistas que le calaban a la raza.

Aquel día vendimos mucha mercancía y mi vasito tintineaba repleto de monedas. Mi abuelo, que desaparecía durante horas, siempre metido en mil negocios, regresó a tiempo para ayudarnos a bajar la carpa y recoger el tiradero. A la hora de partir yo corrí al carrito de los panes dulces y me compré uno con mi dinerito bien ganado. Luego me subí a la van verde, feliz de la vida, con mi birote y mi *chocomilk*.

Recuerdo ese día en especial porque al llegar a la casa y descargar todo, me puse a jugar a la pelota frente al garaje. De un patadón mandé la dichosa pelota debajo de la van. Un hombre flaco y no muy alto, vestido con unos *jeans* impecables, cinto pitiado y botas blancas relucientes, apareció de repente.

—Agárrala —me dijo, y me tendió su tejana mientras se tiraba al suelo y se metía debajo de la vieja van—. Toma, chamaca. Acá tienes tu pelota —me dijo sin sonreír, pero con mirada amable. Se portó callado y serio, pero no me dio miedo.

Esa es la primera memoria que tengo de Chalino Sánchez. Por aquellos años comenzaba de a poquito a sonar con sus corridos temerarios tan a su estilo, aunque, obviamente, la leyenda crecería más con su asesinato, dos años después de esta escena en mi jardín.

La gloria del artista más allá de la muerte: ese extraño fenómeno del que mi familia y la de Chalino somos tristes testigos.

Con Chalino llegó por la casa de mis abuelos mi primer amor. Un amor platónico, por supuesto. Hasta hoy me da penita confesar que Adán Sánchez, hijo del gran Chalino, fue el primer niño en el que yo me fijé y que encontré guapo.

Adán era tan educadito y hermoso que no se me hacía como los otros chavos. ¡Era bien chulo! Le gustaba jugar fútbol y béisbol con mis tíos, y hacer cosas de muchachos, pero a la vez era delicado y súper *nice*. Yo tenía siete años y él ocho. Sólo me atrevía a mirarlo de lejitos.

¡Pero fue un flechazo en serio! Tres años después, cuando ya vivíamos en la calle 55, Marisela, la mamá de Adán, se la pasaba visitándonos. Marisela había enviudado tras el violento asesinato de Chalino en su tierra, Sinaloa, y mi madre tampoco tenía pareja pues estaba recién separada de mi padre. Las dos se hicieron súper amigas. De vez en cuando se escapaban a bailar y no se les ocurría mejor idea que dejar a mi tío Juan a cargo de la chiquillada. ¡Al loco de mi tío Juan! La casa se convertía en una fiesta. Jacqie, Adán y yo jugábamos hasta caer rendidos. En una de esas tardes, Adán me pidió que fuera su novia. ¡Y yo di brincos de alegría!

Fue mi primer novio de manita sudada. Mi primer galán. Ni siquiera llegamos al beso. ¡Qué ternura! Él le decía a todo el mundo que yo era su novia. Nuestras mamás se reían. Se les hacía chistoso.

Conforme crecimos, Adán se volvió muy *cool* para esos juegos de noviecitos. El guapo de Adán le entró más serio a lo de la cantada y también le empezó a llegar la fama, igual que a su difunto padre. Y a mí se me pasó la locura, aunque confieso que, de alguna manera, seguí medio clavada con ese amor platónico, mientras que un hombre adulto me robaba mi inocencia. Adán fue mi primer príncipe azul, un príncipe perfecto que no me hacía daño, que no me exigía ni una caricia y que jamás supo, hasta que los dos crecimos, lo que yo estaba viviendo a escondidas.

Años después, mi dulce Adán, cuando estaba en lo más alto de su carrera, falleció en un accidente de auto, irónicamente, en la misma tierra que vio morir a su padre. Le faltaban dos semanas para cumplir los veinte.

En los últimos años no nos vimos mucho. Nuestras familias se habían distanciado por unos problemas entre Marisela y mi abuelo. Pero por cosas del destino, nos volvimos a ver un mes antes de su accidente. Fue en Oxnard, en un evento. Él estaba a punto de subir al escenario, y miles de fans gritaban su nombre. No me atreví a acercarme, así que le sonreí de lejos. Adán caminó hacia mí.

—Hola, Chiquis. ¿Cómo estás?

Lo noté nervioso. Primero me dio la mano y luego se decidió por un abrazo. Un abrazo tierno, de los que se dan quienes nunca han dejado de ser amigos.

En ese instante, el ruido y la multitud desaparecieron de mi alrededor. El reloj se detuvo y Adán me dijo con esos ojos que tan bien sabían hablar:

—*Sorry*, lo siento, que crecimos tan rápido.

¡Pum! Vuelta a la realidad. No tuve ni tiempo de contestarle. El coordinador y el productor lo agarraron del brazo y se lo llevaron hacia las escaleras del escenario. ¡Era su turno!

—¡Quédate! Ahorita te veo —me gritó.

Le dije que sí con la cabeza, pero la verdad era que me tenía que ir. Tenía otro compromiso. Fue mejor así. Hay historias que terminan mejor sin terminar.

Semanas después, en su funeral, Marisela me dio otro abrazo que jamás olvidaré. El lugar estaba repleto de fans y de periodistas, de amor y de dolor. Yo, tonta de mí, me acerqué a verlo en su ataúd. ¡Cómo me arrepiento! Mejor me hubiera quedado con su imagen al pie del escenario.

—Ay, Chiquis, mi hijo siempre te quiso —me susurró Marisela en el oído con el poco hilo de voz que le quedaba. Sus brazos no me querían soltar de ese abrazo del que yo tampoco quería escapar.

Marisela lloró a Adán con lágrimas de madre, que son las que más pesan. Sus fans lo lloraron con lágrimas de devoción. Yo lo lloré con lágrimas de niña. Lo lloré como colegiala de tercer grado. Lo lloré como aquella primera noviecita que bailaba las canciones de su padre en el *swap meet*.

3.

LA CASA DE LA 55

Juro que en mis primeros años de vida me mudé de casa tantas veces que no puedo ni recordarlas. Me cuesta trabajo acordarme si vivíamos en el tráiler *home* de Long Beach o en la primera casita fea y triste que rentamos en Compton cuando se me cayó mi primer diente o cuando comencé la escuela. ¿O tal vez fue en casa de la abuela? Tremendo lío.

Lo que sí recuerdo es dónde estábamos cuando llegó mi hermano Mikey a este mundo: en la casa de la calle 55.

Mi madre y mi padre estaban pasando por una buena racha y acababan de rentar otra casita junto a Ellis Avenue, no lejos de la de mis abuelos. Ese hogar en la calle 55 fue nuestro primer hogar en serio, aunque no por mucho tiempo.

Mis padres se veían más felices que nunca y recuerdo que hasta conversaban y se reían por las noches. Tan bien se sentían, que decidieron tener otro bebé. Ambos querían el *boy*, el hombrecito de la familia.

Y así llegó Mikey a nuestras vidas. El primer bebé planeado de los tres. Lo llamaron Trinidad Ángelo Marín. Desde chiquito le dijimos Tongo, y cuando creció, se cambió el nombre a Michael por razones mayores.

Dicen que los bebés llegan con un pan debajo del brazo. Nuestro Tongo llegó con guantes de boxeo, porque a las pocas semanas de su nacimiento, las discusiones y los fuertes empujones entre Momma y Dad regresaron a nuestra cocina.

En esos días mi madre ya había terminado sus estudios y se dedicaba de lleno a la compra y venta de casas, sin dejar de ayudar en la pequeña disquera de mi abuelo.

Mi padre también trabajaba en bienes raíces, pero pasaba más tiempo con nosotros en la casa. Él era quien ponía la ropa a lavar y luego la doblaba y la planchaba metódicamente. De hecho, fue mi padre quien le enseñó a mi madre a limpiar y a cocinar. Era muy pulcro. Todas sus cosas olían siempre a jabón Zote, ese jabón en pastilla, duro y grandote como un ladrillo.

A mi padre le gustaba el rock en español. No escuchaba banda ni corridos. Siempre vestía con su chamarra de piel, playera blanca y su cabello negro largo y bien peinado. Era dulce con nosotros. Nos escuchaba a todos con la paciencia que en ocasiones le faltaba a mi madre. Nos hablaba como a adultos.

Y así es como me habló aquella tarde de 1994.

Trino y Jenni —el agua y el aceite— acababan de tener su última gran discusión con empujón incluido. Nunca llegaron a golpearse frente a nosotros.

Estaba anocheciendo, y mi padre me sentó en la banqueta frente a la casa. Llevaba puesta su chamarra, como siempre que se iba disgustado de la casa.

—Mija —me dijo en español, como acostumbraba a hablarnos—. No es tu culpa ni la de tus hermanitos. Tu mamá y yo ya no somos felices juntos y no podemos hacerlos felices a ustedes. Sé que vas a entender.

—Sí, Dad —le contesté sabiendo que esta era la definitiva.

—Tú tienes que encargarte de tus hermanos y ayudarle a tu mamá. Yo voy a hablar con Jenni para acordar cuándo vendrán a verme.

Yo le contesté *"okay"* a todo. Se subió a su autito y se fue. En esa banqueta sentí que envejecí diez años. ¡Me tocaba madurar a huevo! Cuando el auto dobló la esquina y desapareció, me saltaron las lágrimas.

Me metí en la casa y me dio miedo. Ahora, sin mi padre, me temía que Momma se pondría más estricta con nosotros.

Para mi sorpresa, mi madre me esperaba en la cocina muy tranquila, con sus ojos serenos, y me habló también como a un adulto.

—¿Cómo quieres hacer esto? Tú eres la mayor. ¿Te parece bien que tú y tus hermanitos pasen medio año conmigo y medio con tu padre? Y los fines de semana podrán visitar al otro. Quiero tu aprobación, Chiquis —me dijo muy seriamente.

Le respondí que aceptaba, sin saber que las dos firmamos mi sentencia ahí mismo.

Mi padre se mudó a un apartamento con su hermana Chuchi y su esposo. En una recámara puso unas literas de color azul para que cupiéramos todos. Empezaríamos los primeros seis meses con él. Mi madre tenía que trabajar duro en la inmobiliaria para poder pagar todas las facturas de la casa de la 55.

Y ahí, en esa recámara con literas, empezó la más abominable de mis historias. Una historia que debo contar tal y como sucedió, pues omitir partes significaría que me avergüenzo, y no es así. Para bien o para mal es parte de quien soy. Lo que me sucedió, me sucedió y no lo puedo cambiar. Tengo claro a estas alturas de mi vida que no fue mi culpa.

Por eso lo contaré como nunca lo he hecho antes, para que

otras víctimas se armen de valor y dejen de esconder su dolor. No daré detalles por el morbo, sino por la limpieza de alma y la transparencia. El abuso no es algo de qué avergonzarse. Lo más importante es enfrentarlo y seguir adelante.

Contarlo, aunque admitiré que todavía me pone nerviosa y me hace tambalear, me trae una extraña paz.

4.
UN DÍA DE PLAYA

Era un sábado de final de verano. Uno de esos días en Long Beach que amanecen con el cielo cubierto y no se sabe si saldrá el sol de repente y nos derretirá vivos o si se quedará gris hasta la tarde. En mi cabeza ese día se quedó lleno de nubarrones para siempre y por más que he intentado, no se me borra ni con la niebla de los años.

Mi padre y mi tía habían decidido pasar la mañana en la playa y así no tener a tres chiquillos encerrados en el apartamento. Era apenas el primer mes de nuestra nueva vida de familia divorciada, y todavía no estábamos acostumbrados a vivir con Dad la mayor parte de la semana y pasar tanto tiempo lejos de mi madre. Éramos muy chiquitos todavía: Mikey era un bebito de diez meses, Jacqie tenía tres años y yo apenitas había cumplido los ocho.

No llevábamos más de una hora jugando en esa playa de Redondo Beach repleta de gaviotas y de familias ruidosas cuando una ola grande nos golpeó fuerte y me arrebató a Jacqie de las manos. Mi Jacqie terminó revolcada en medio de un remolino de espuma y arena.

—¡Papi, papi! —grité asustadísima.

Mi padre ni me peló. Andaba entradísimo coqueteando con unas chavas. Por suerte, uno de mis primos reaccionó, se aventó de cabeza al agua y sacó a Jacqie, que lloraba a todo pulmón. Yo lloraba también del pinche susto.

Se aguó la fiesta, nunca mejor dicho. Con tanto lloriqueo, mi padre y mi tía nos metieron a todos rapidito en el auto y decidieron llevarse el drama a casa.

Una vez que llegamos al apartamentito donde vivíamos, mi padre me ordenó que me fuera a bañar. Insistió varias veces.

—¡Que te metas en la tina ya! —me gritó. Quise llevarme a Jacqie conmigo porque la pobre llevaba arena hasta en las orejas, pero mi padre me regañó—: No, déjala en la sala. Ve tú sola. Ahorita mismo.

Le obedecí y me fui para el baño. Yo ya estaba desnudita cuando él entró.

—Ven, mija, siéntate aquí —me dijo. Vestía sólo sus boxers y se sentó sobre la tapa del excusado.

Yo me senté de ladito y él me acomodó a caballito sobre sus piernas.

—Sabes que te quiero mucho, mija, tú sabes cuánto te quiero —comenzó a decirme. Mientras me hablaba suave, sentí mucha presión en mis partes íntimas. Muchísima. No entendía nada. De pronto grité:

—¡Me duele! —y di un brinco al suelo. Entonces vi su miembro fuera de sus calzones, pero seguí sin entender qué acababa de suceder.

—Órale —me dijo todo nervioso y malhumorado—: métase a bañar.

Obedecí y me metí bajo la regadera. Mis lágrimas comenzaron a confundirse con el agua que me caía por todo el cuerpo. "Nadie va a saber que lloro—pensé aliviada—, en el agua no se ve que estoy llorando". Lloraba porque me dolía y estaba asustada.

Mi padre salió del cuarto de baño y al poquito regresó como si nada. Se quitó los boxers y se metió en la tina conmigo. Y ahí comenzó a hablarme bonito.

—Discúlpame, mija, no se lo cuentes a nadie. No va a volver a suceder. Te lo prometo. Tú no le cuentes a nadie y recuerda que te quiero mucho.

Se enjabonó, se enjuagó y salió volando.

Me dejó todavía más confundida. "Lo que pasó no es importante", pensé sintiéndome muy desorientada. Me sequé, me vestí y salí a cenar con mi tía y el resto de la familia, que me esperaban en la sala.

Después de ese sábado tan gris, mi padre tardó varias semanas en acercarse a mí de nuevo. Yo tenía miedo hasta de abrazarlo cuando llegaba a la casa, y seguía sin entender lo sucedido, pero mi instinto a esa edad tan tierna me decía que algo estaba mal. Así que comencé a rogarle a mi madre:

—Ya me quiero ir a vivir contigo. *Please*, Momma, ya quiero ir a tu casa.

Le insistía sin explicarle el porqué. Tenía terror a que mi madre se enterara. No sabía la razón, pero lo que sentía en ese momento era verdadero terror.

—Mija, es normal, son los primeros días, prontito te acostumbrarás a esa casa —me respondía para calmarme—. Tu tía Chuchi te trata bien, y yo tengo que trabajar mucho. Pronto se vendrán conmigo, mi *princess*, te lo prometo.

Mi madre andaba tan ocupada intentando ganar dinerito para no perder la casa y para darnos de comer, que ni se imaginaba.

Y mientras, el diablo siempre vuelve por más... Dormíamos juntos, mi padre, Jacqie y yo en la litera grande de abajo, y

Mikey solo en la pequeña de arriba. Esa madrugada desperté con sus dedos dentro de mí. Me quedé petrificada. Era incapaz de moverme. Aguanté la respiración cuanto pude.

A partir de esa ocasión, yo siempre me aseguraba de acostarme en medio, para que Jacqie no estuviera junto a él. Ponía a mi hermanita del lado de la pared para que mi padre no la pudiera tocar. El instinto de protegerla me nacía de lo más profundo, sin saber mucho por qué. Yo seguía sin entender este nuevo juego, pero una vocecita dentro de mí me decía que a Jacqie le haría mucho más daño que a mí. Así que jamás me dormía antes de escuchar la respiración de mi padre lenta y constante. Me moría del sueño, dando cabezadas, pero esperaba a que él cerrara los ojos para dormir un poco más tranquila. Aunque ya sabía que el despertar no sería agradable... si no me caía de noche, me caía de día.

A la mañana siguiente, sus únicas palabras eran: "No le digas a nadie o te voy a mandar a México con mi familia. Nunca volverás a ver a tu mamá". Yo le tenía terror a mi otra abuela. No era buena conmigo. Me aterrorizaba pensar que me pudieran separar de mi madre y de mis dos hermanitos.

—Momma, no quiero vivir más en casa de papi —le dije un día a mi mami—. No me gusta, no me tratan bien. ¡*Please!* —le rogaba con toda mi alma.

Tanto insistí que a los dos meses mi madre por fin cedió.

—¡Órale! Si no los quieren allá, se van conmigo.

Y así fue. A partir de entonces mi padre y su familia comenzaron a llamarme pinche mentirosa por inventarme que nos trataban mal. Hasta la fecha, esa soy yo para ellos: la peor pinche mentirosa del mundo.

El acuerdo cambió. Desde ese momento viviríamos de lunes a viernes con mi madre, y sábado y domingo con mi padre. Mi madre andaba a mil con su trabajo y los fines de semana los necesitaba para salir a vender casas. Era la situación perfecta para tentar a ese diablo dentro del hombre que no se daba por vencido. Esos fines de semana mi padre se aprovechó cada vez más de mi silencio y se volvió más agresivo. Sus atrevimientos se convirtieron en sesiones largas, llenas de miedo y pena para mí. Yo sólo recuerdo que cerraba los ojos y tensaba los brazos y pensaba que si no me resistía me dejaría ir antes.

Desde los ocho hasta los doce años no hubo viernes en el que no me doliera el estómago nada más despertar por la mañana: "*¡Oh, God!* —pensaba—. Hoy nos toca ir a casa de mi padre". Fue tan grave el trauma que hasta la fecha sufro de gastritis.

Cuando llegábamos a su casa en la tarde, después de la escuela, nos consentía en todo: nos llevaba a las *movies*, nos compraba dulces y juguetes a todas horas y nos dejaba ir a la cama tarde. Todo lo que mi madre nos tenía prohibido. Durante el día era un ángel, un papa paciente y atento, pero al caer la noche se convertía en otra persona y entonces era cuando sucedía. Siempre con la luz apagada.

Hasta el día de hoy le tengo terror a la oscuridad. Siempre dejo una vela o una lucecita prendida para poder dormir. Si estoy a oscuras siento que algo terrible está a punto de suceder.

"No tienes la conciencia tranquila, Chiquis, por eso te espanta la oscuridad", me bromeaba mi madre, pobrecita, cada vez que no me atrevía a entrar en la cocina sin prender la luz. "¿Sospecha algo?", me preguntaba yo aterrada. No, la verdad era que no sabía nada… pero sería precisamente ella, mucho tiempo después, la primera que sumaría dos más dos. Mi madre era muy sagaz. Habría sido la mejor agente de la CIA si se lo hubiera propuesto.

Así cumplí los nueve y los diez: ocultándole a mi madre y al mundo ese secreto monstruoso y odiando, desde lo más profundo de mis ser, los viernes. No fue hasta que entré a quinto grado que me atreví a confesarme con una amiguita. La primera y la única que supo en esos años. Estábamos en quinto grado y Valerie era mi compañera inseparable.

—Necesitas contárselo a los mayores. Tienes que contárselo —recuerdo su carita insistiéndome después de escuchar mi espeluznante historia.

—No, por favor —le rogaba yo—. No le digas a tu madre. A nadie. Es nuestro secreto, *please*, amiga, *please*.

Tanto le supliqué que nunca abrió la boca.

Yo me sentí un poquito aliviada de saber que alguien más compartía mi pesar, aunque no me sirvió de mucho. El secreto se quedó en secreto. El miedo en miedo. Los viernes en viernes y el diablo en diablo.

Fue justo ese año cuando confirmé mis sospechas de que lo que me estaba sucediendo era algo sucio y malo. Yo, dentro de mi inocencia, sólo presentía que era extraño, hasta que escuché a las otras niñas en la escuela, entre risas, hablar de asuntos sexuales y decir que eso era terrible y era pecado. Ahí me di cuenta de que lo que me hacía mi padre era horrible. ¡Era asqueroso! "Tal vez hice lo correcto en no contarle a nadie", pensé, y eso enterró todavía más el secreto en mi cabeza... por lo menos hasta que cumplí los diez y descubrí que yo no era la única en mi familia que le tenía terror a la oscuridad y a esos juegos sucios y malos.

Para ese entonces, mi tía Rosie tenía catorce años. Más que una tía, para mí era como una hermana. Una hermana mayor un poco gruñona y a ratos malhumorada. Como típica hermanita pequeña, yo continuaba desviviéndome por agradarla e imitarla. En esa época ella estaba pasando por una etapa de adolescente rebelde y se encerraba todo el día en su cuarto y no quería jugar conmigo. Llegué a pensar que me tenía celos. Mi tía Rosie era la muñequita de mi madre, su hermana adorada, hasta que yo nací; aunque para mi madre jamás dejó de ser su hermanita del alma y su consentida. Lo cierto es que pronto descubrí por qué mi tía me sacaba de sus juegos y de su recámara.

—Sí, tu pinche papá te viene a buscar ahora. ¡Odio a ese cabrón estúpido! —me gritaba Rosie. Yo no entendía por qué siempre me hablaba con tanta rabia hasta que una tarde me cayó el veinte, como dice mi abuelita: ¡mi tía me trataba raro porque no soportaba a mi papá! No eran los celos, era algo que tenía que ver con mi padre.

Esa tarde, aprovechando que la vi leyendo en su sofá-cama, me acosté a su lado y comenzamos a platicar de puras tontadas. De repente, y de la nada, le dije:

—Sé por qué odias tanto a mi padre.

—¿*Why*? Por qué, ¿ah? —me contestó de malas. Era obvio que mi comentario la había sacado de onda.

—Porque él te hizo lo que me hace a mí —le aclaré.

—¿Cómo sabes? —mi tía no pudo ocultar su sorpresa y se quedó pálida. Se podía leer el miedo en sus ojos.

—No sé, tía, simplemente lo puedo sentir.

Nos lo contamos todo en voz muy baja, con el miedo de que alguien más nos escuchara. Hablamos de cuándo y dónde, pero jamás de los detalles íntimos. Nos daba inmensa pena.

—A mí, desde que cumplí los once me dejó tranquila. ¿Y a ti, todavía te molesta? —me preguntó ella.

—No, tía. Ya lleva meses que no. —No le estaba mintiendo. Justo antes de que cumplí once los abusos se hicieron menos frecuentes, y últimamente me había dejado de buscar cuando estábamos a solas.

—Chiquis, pero si te vuelve a tocar me tienes que avisar

porque se lo diremos a tu madre —me exigió Rosie muy seria agarrándome de las manos con mucho cariño, y matando aquella distancia que por tantos años nos separó.

—OK, tía. *Pinky promise.*

Y juntamos nuestros dedos meñiques para sellar nuestro secreto.

A partir de esa promesa nos hicimos más amigas. Rosie dejó de ser tan fría conmigo y me permitía entrar a su cuarto cuando yo quisiera, pero jamás volvimos a hablar del tema. Fue punto y final. O al menos eso pensamos, porque tampoco le conté que mi padre, a las pocas semanas, volvió a despertarme en medio de la noche. De vuelta al miedo y de vuelta a la pena hasta que cumplí los doce.

Por esos meses yo estaba entrando en la pubertad y a algunas de mis amiguitas les había llegado el periodo. Fue así como se me ocurrió. Un día le pedí a la novia de mi padre una servilleta femenina. Dora, quien ya llevaba un año viviendo con él, siempre se portaba bien conmigo y, ajena a todo drama, se preocupaba por mí con verdadero cariño.

—Ah, ¿ya te llegó? —me preguntó intrigada.

—Sí —le mentí.

Lógicamente, Dora le fue con el cuento a mi padre y, tal como presentí, los capítulos a medianoche cesaron de nuevo.

Así que a partir de ese momento, cada fin de semana que nos tocaba visitarlo, yo me encargaba de robarle servilletas a mi madre o a Dora y me las ponía, por si al diablo le daba por despertar otra vez. Sólo Dios sabe, pero gracias a esa invención mía, mi pesadilla de cuatro años se terminó de veras. Así, de golpe. Mi padre jamás volvió a tocarme un pelo.

Aunque el drama más grande estaba todavía por caernos encima. Porque el abuso cesa, pero las heridas quedan.

5.

JUGANDO A LAS CASITAS

Esto no se lo he contado a nadie desde que sucedió, hace veinte años. Siento que se me nublan los ojos y se me quiebra la voz al compartirlo. Es algo que no había confesado a ninguno de los mil psicólogos a los que me enviaron en mi adolescencia, ni a los doctores que me trataron después del escándalo de mi padre, ni a ningún pastor en ninguna iglesia en mi peor crisis espiritual. No se lo he contado ni a mi mejor amiga Dayanna, que espero que me perdone. Tampoco a mi confidente y amigo del alma, Gerald. Mucho menos a mi actual pareja, ni a ningún miembro de mi familia. ¡Ni siquiera se lo cuento a Dios cuando oro en silencio! Es extraño y hasta yo me sorprendo de que no sepa explicar muy bien por qué he tenido este secreto tan enterrado.

En estas páginas será la primera vez que lo comparta, aunque primero lo consulté con mi editora y con mi publicista. Con nadie más. Juntas llegamos a la conclusión de que la verdad duele menos que los secretos. Pero ambas me insistieron en que si no estaba ciento por ciento segura, que simplemente no lo hiciera. Al final decidí que sí. Sí estoy preparada para hablar del otro abuso sexual que sufrí de chiquita.

Algunos pensarán que lo hago por publicidad o por vender más copias de mi libro. Pero la verdad es que si decidí contarlo aquí es simplemente porque necesito sacar a la luz este secreto enterrado mucho más profundo que cualquier otro gran secreto de mi vida. Necesito contarlo de una manera serena, sin cámaras, ni luces, ni expertos en el tema. Necesito hablar de ello a solas y a mi manera. Este libro me lo permite. Estas páginas son sólo mías y en ellas me siento segura. Ustedes, al leerlo, serán mi verdadera terapia. Ustedes, al conocer esa parte de mí que no he dejado ver a nadie, comprenderán mejor el resto de mi historia, y yo me sentiré finalmente aliviada de que el dichoso secreto ya no sea tal. Porque la vida me ha enseñado que las heridas sanan al sol, no en la oscuridad.

Mi pobre madre se fue de este mundo sin saber esto de mí. Lo del abuso de mi padre lo supo con el tiempo, pero este otro jamás. Me inunda de tristeza. Ella se fue de esta vida sin contarme lo de su violación por unos extraños a la salida de un bar, y me tocó leerlo en sus memorias póstumas. Y yo por mi parte me quedé sin contarle de mi otro abuso. Irónicamente, ambos secretos terminan publicados en tinta y papel y jamás confesados en privado, como debería haber sucedido. Espero que me perdone, allá donde se encuentre, por no habérselo confiado. Ella no me contó ese pasaje amargo que vivió aquella noche a manos de esos despiadados para no hacerme sufrir, y seguro porque también le daba infinita pena. De la misma manera actué yo: no se lo conté para evitarle un sufrimiento más y porque la vergüenza que sentía y todavía siento es enorme.

No sé por qué pero me avergüenza más este otro secreto que el tan publicado que sufrí a manos de mi propio padre. Tal vez porque el abusador fue, en este caso, una mujer.

Esa mujer se me acercaba y me decía: vamos a jugar a las casitas. Yo tenía nueve años y apenas me estaba acostumbrando a los juegos que me imponía mi padre.

Confundidísima al ser víctima por partida doble, pensé que era normal jugar a las casitas de esa manera, escondidas en cualquier rincón. Ella me tocaba y me pedía que la tocara y la estimulara. "Es una mujer, no me hará daño como mi *dad*"; ese era mi razonamiento ingenuo e inocente.

Poco a poco, esos encuentros para jugar a las casitas, aunque no sucedieron muy a menudo, se convirtieron en mi cabecita de niña en mi peor tortura. Ni siquiera se lo mencioné a Valerie, mi amiguita de cuarto grado, que ya sabía lo de mi padre. Pensé que no querría ser más mi amiga. Supongo que así piensan las niñas de nueve años.

La mujer sabía muy bien lo que estaba haciendo, pero eso no la detuvo. Poco a poco comencé a resentirla y a odiar esos momentos de juegos a escondidas. Hasta que un día no me lo pidió más y desaparecieron las tardes por los rincones, y también esa mujer abusadora.

Lo que no desapareció fue la terrible confusión sexual en la que me dejó sumergida. Con lo vivido, o mejor dicho, sufrido, a manos de mi padre, y lo sufrido a manos de ella, sobra decir que mi sexualidad ha sido un verdadero desastre durante gran parte de mi vida.

No fue de extrañar que años después yo misma me cuestionara si era lesbiana o heterosexual, si podría tener intimidad algún día con un hombre o con una mujer; si me volvería una promiscua incapaz de mantener una pareja o si sería mejor quedarme totalmente célibe y sola (tanto me aterrorizaba la mera idea de una caricia, fuera de hombre o de mujer).

Con el tiempo he sido capaz de intimar físicamente y de tener relaciones estables y duraderas. Pero no resultó fácil. Confieso que fue un camino lleno de curvas y baches, que aquí también contaré.

Quiero que otras víctimas de abuso lean mis errores y mis temores, y vean que sí se puede. Aunque esa frase suene hueca. Sí se puede volver a confiar si confías en Dios. Y sí se puede volver a amar si sabes perdonar. Si perdonas a quien te hizo daño, ese daño se va borrando y dejas espacio en tu alma para que llegue gente buena, y comienzas a dejarte querer de nuevo. Dios y el perdón, los dos de la mano, fueron mi tabla de salvación.

Y a Dios le pido que me ayude ahora. Tengo nervios. No sé qué pensará mi familia al leer este capítulo. Espero que no me hagan muchas preguntas. Les ruego a mis seguidores y a mis seres queridos que no indaguen más. Es algo de lo que ya no deseo dar más detalles. La mujer y yo merecemos paz y privacidad. Hablar más del tema no logrará mejorar nada. Sólo nos ocasionaría más daño, y mi historia debe continuar. Mi vida es mucho más que un tropiezo o un abuso.

6.

ESTALLA LA BOMBA

—Tú, acércate aquí. ¡Sí, tú!

No podía creerlo. Ese domingo de fin de verano habíamos ido toda la familia a la Iglesia porque habían anunciado que un profeta muy conocido vendría a darnos su bendición y a orar por nuestros problemas. Y de pronto, este profeta había señalado a mi tía Rosie, que estaba sentada entre las primeras bancas.

—Ven acá. Puedo ver tu alma atormentada. El abuso sexual te atormenta. Oremos por ti.

El silencio se podía cortar con cuchillo. Rosie dio un paso hacia adelante y el profeta la tomó del brazo. La dirigió hacia el púlpito, y ahí, frente a mi madre, a mis abuelos, a casi todos mis tíos y sus esposas e hijos, pidió que intercediéramos ante Dios por su alma angustiada.

Mi tía no dijo palabra. Estaba tiesa del *shock*. Yo, aprovechando la confusión, salí sin que nadie se fijara en mí y me escondí en los baños.

Había transcurrido apenas dos años desde aquella *pinky*

promise sobre jamás contar nuestro secreto. Mi padre ya había dejado de molestarme. Rosie, a sus dieciséis, ya tenía noviecito, y yo apenas me acostumbraba a ser una niña normal, sin temer a los viernes. ¡Y ahora esto! ¡Dios mío!

Entré en uno de los escusados y me hinqué a orar.

—*Oh my Lord*, por favor, que nadie se dé cuenta de mi ausencia y que mi tía no hable, que no cuente nada, te lo pido, Diosito.

De tanto en tanto me detenía a escuchar las voces que llegaban del templo, para ver si el profeta había terminado la oración. Me daba auténtico terror salir y mirarlo a los ojos. ¿Qué tal si me leía la mente? ¿Y si me señalaba a mí también? Mis manos temblaban. De pronto escuché los cánticos. "¡Uff! Ya estuvo", pensé. Aliviada, salí disimuladamente y me colé entre la gente que ya se encaminaba hacia la puerta.

Para mi sorpresa, en el estacionamiento todos los Rivera actuaban como si nada. Nadie abrazaba a Rosie, nadie le pedía explicaciones. Ni mi propia madre abrió la boca, siendo siempre ella la primera en tomar el toro por los cuernos en todos los asuntos familiares.

Rosie permanecía callada. El resto se despedía como de costumbre.

—Bueno, Juan, te veo en la casa —dijo mi madre.

—No te olvides de llamar a Gus más tarde —le recordó mi abuela a mi tío Lupe.

Besos y cada cual a su carro.

Yo no entendía nada. Me atreví a mirarla a los ojos por un segundo, pero mi tía Rosie pretendió no verme.

"OK —pensé, tonta de mí—, falsa alarma. Nadie se lo creyó. El secreto está a salvo". A salvo, al menos por quince días, el tiempo que le tomó a mi madre reaccionar a semejante patada en el alma. Los demás se habían quedado congelados por el miedo de que las sospechas del profeta fueran ciertas, y del puro temor nadie se atrevía a preguntarle a Rosie cara a cara. Bueno, menos mi madre, que al final se armó de valor.

Fue exactamente el miércoles 23 de septiembre de 1997. ¡Ni cómo chingados borrar esa fecha de mi cabeza!

Estábamos con mis primos en la biblioteca haciendo la tarea. Yo recién había comenzado séptimo grado y mi madre estaba embarazadísima de Jenicka, la primera de los dos hermanitos que mi madre nos daría con su segundo esposo, Juan López.

Mi madre trabajaba todo el día en el negocio de mi abuelo arreglándole la contabilidad y no podía pasar a recogernos hasta mucho más tarde. Para nuestra sorpresa, la que llegó antes de hora fue mi tía Brenda, la esposa de mi tío Juan.

—Ándele, ándele, tenemos que irnos —nos dijo con mucha prisa. Luego nos metió en el auto y lo supe al instante: "Ya está. Ya se enteraron". La cara de mi tía Brenda me lo decía todo. No podía estar más nerviosa.

Llegamos a las oficinas de Kimos en Market Street, el negocio de mi tío Pete donde reproducía discos de los artistas de mi abuelo. Por aquellos años, todos mis tíos ya andaban metidos en el mundo de la música de una manera u otra. El que no cantaba, producía, o vendía.

Mi madre nos esperaba sentada tras un escritorio en uno de los cuartitos. Con su cabello teñido de rojo, recién cortado en un elegante bob, y su embarazo ya avanzado, lucía más madura, aunque sólo tenía veintiocho. Sus ojos delataban que había llorado.

Sentada junto a ella, mi tía Ramona, la esposa de mi tío Pete, se estrujaba las manos, nerviosa.

—Cierra la puerta —me pidió mi madre, mientras Brenda desaparecía con mis hermanitos.

—¿Tienes algo que decirme?

37

No pude contestar. Sólo sollozar. El llanto guardado de muchos años reventó en ese momento.

—Lo siento, lo siento mi princesa, mi reina. ¡Lo siento tanto! —Las lágrimas de mi madre le ganaron a las mías—. Dime que Juan no te hizo nada. Dime, dime... —me imploraba mi madre desconsolada.

Juan, mi padrastro, estaba presente también, de pie junto a la puerta. Sus ojos chispeaban de dolor y de indignación. Que mi madre dudara de él lo sacó de onda.

—No, Momma. Jamás. Sólo Dad. Sólo Dad. Te lo juro —la calmé inmediatamente.

Juan suspiró aliviado. Pobre hombre. ¡Él, que jamás me faltó al respeto!

—Rosie está ya dando su declaración. Ahora pasa tú, mija —me rogó mi madre mientras se limpiaba con la mano las manchas del rímel que le corría por las mejillas.

En la oficina de al lado me esperaban dos oficiales de la policía de Long Beach. Rosie justo salía y me dejó la puerta abierta. Sólo me miró asustada.

Entré y me senté. No sentí miedo al ver a los dos uniformados. Lo peor, lo que yo más temía en la vida, ya lo había hecho: confesárselo a mi madre. Ahora les respondería a estos señores lo que quisieran saber. Mi madre estaba de mi lado y me amaba. "Momma ya sabe, ya puedo ser una niña otra vez", pensé. Era lo único que pensaba, aliviada, mientras les daba los detalles más horrendos sobre los constantes abusos.

Les conté todo. Toditito. Bueno, todo lo que pude recordar ese día. Los oficiales se portaban amables, pero sin expresar muchos sentimientos. Ese era su pan de cada día en las calles de Long Beach: escuchar dramas terribles entre familias que luchaban por sobrevivir en un nuevo país, perdidas en la discriminación, la pobreza, el desarraigo, las pandillas… en fin, mi adorado Long Beach. De tanto en tanto se detenían y me preguntaban: "¿Te encuentras bien? ¿Está todo bien?". ¡Claro que estaba bien! ¡Mejor que bien! Mi mamá me creyó a la primera. Eso me llenaba de una extraña calma. Ya no estaba sola ante ese monstruo que por tanto tiempo escondí en mi corazón. Siempre bien escondido por la vergüenza y por el miedo a que me llamaran mentirosa o algo peor.

Al terminar de hablar con los oficiales, me quedé un momento a solas con mi tía Rosie en el pasillo de la oficina. Sus ojos, como los míos, estaban rojos y cansados.

—*Sorry, sorry*. Me siento horrible. Tu madre me preguntó, no pude mentirle. Perdóname, no quiero que vivas sin un papá, ¡pero no pude mentir más!

Mi tía estaba tan nerviosa que yo casi no entendía sus palabras.

Nos abrazamos. No era necesario hablar más. El secreto que llevaba tantos años devorándonos por dentro se había acabado y nadie había dudado de nosotras. Eso nos daría una fortaleza tremenda en lo que todavía nos faltaba enfrentar.

Las siguientes semanas fueron como una pesadilla extraña. Los detectives del LBPD nos pidieron que pretendiéramos que no pasaba nada, que fuéramos a la escuela, a trabajar y no le contáramos a nadie. No podíamos espantar a la perdiz. Mi padre no debía sospechar que lo estaban investigando. El caso era complicado y necesitaban recolectar evidencias antes de autorizar su arresto.

Si mi madre no hubiera estado embarazada, no habríamos esperado ni investigación ni orden de arresto. Ella misma lo habría matado. Estoy más que segura de que jamás habría llamado a la policía. Se hubiera subido al carro con una pistola y lo habría matado. ¡*Pum*!

Fue nuestra *sweet* Jenicka la que evitó una doble desgracia.

Durante esos quince días de silencio, mi madre, con su enorme panzota de ocho meses, estaba a punto de volverse loca.

Una noche escuché ruidos en la casa de Compton donde vivíamos con Juan. Salté de la cama y al prender la luz de la sala me espanté. Mi madre estaba sentada en aquel sofá de piel verde con su rostro duro como una piedra y sus ojos clavados en la puerta que daba a la calle. Ni me peló. En sus piernas brillaba un cuchillo de cocina enorme. ¡Se me heló la sangre! Calladita, fui a despertar a Juan.

Juan la abrazó y le quitó el cuchillo. Los dos lloraron en silencio.

—Tengo miedo de que se haya enterado y venga a hacernos daño —le susurró mi madre—. Si entra por esa puerta, seré yo quien lo mate primero. Te juro que seré yo.

El tono de su voz iba muy en serio y yo no tenía la menor duda de que sería capaz de hacerlo. Ese fue otro de los grandes miedos que me hicieron callar tantos años. El miedo a perderlos a los dos: uno muerto y el otro en la cárcel.

Se acercaba Halloween. Mi padre comenzó a impacientarse y a preguntarse por qué no le habíamos visitado en un mes. Mi madre se inventaba mil excusas para no dejar que nos acercáramos a su casa.

Y mientras esperábamos con angustia a que la policía hiciera algo, llegó Jenicka. La canija se adelantó dos semanas por el disgusto, y llegó a darnos vida, a aliviar nuestro dolor.

—¡Ya nació! ¡La chamaca ya nació! —gritaba mi abuela, emocionada, al verme llegar de la escuela.

En la cama del hospital, mi madre lloraba y reía, con Jenicka en sus brazos. No soltaba a la *baby* ni de día ni de noche, siempre pegada a su pecho.

Para la gran noche de Halloween mi madre ya estaba de vuelta en la casa con la bebé más bella del mundo. Y mi padre, en el teléfono, chinga y chinga que nos quería llevar de *trick or treating* a pedir dulces. Ya no podíamos seguir ocultándolo. ¡Era imposible! Los detectives estaban tardando demasiado en actuar.

—¿*Trick or treating*? ¿De veras? —le gritó en una de sus llamadas mi madre—. ¿Sabes? Ya sé lo que le hiciste a mi hermana y a mi hija, ¡hijo de la chingada! ¡Te vas a pudrir en la cárcel!

—¡Vas a necesitar pruebas! —respondió mi padre. Pobre tonto, ni lo negó. Se lanzó derechito a defenderse como hacen a los que cachan sin remedio.

—¡Las tengo, mal nacido, las tengo! —Mi madre colgó de inmediato y llamó a los detectives. ¡No había tiempo que perder! Pero ninguno salió en nuestra ayuda.

En plena noche de Halloween es imposible lograr que un policía te levante el teléfono. Están todos muy ocupados respondiendo a emergencias serias o simplemente vestidos de Batman o de Drácula, disfrutando con sus familias. Nadie fue a buscar a mi padre en esas horas cruciales.

A la mañana siguiente el verdadero *trick or treat* se lo llevaron los oficiales. Llamaron a la puerta de su casa y se encontraron con un truco: el hombre se había largado con su ropa y sus muebles. En unas horas, él y su novia Dora habían desaparecido y sus familiares juraron no haberlos visto ni saber nada. Todos calladitos como tumbas.

A los pocos meses, mi hermano Tongo, que apenas había cumplido los ocho, nos confesó que se avergonzaba de su padre y de todo lo que sonara a él. Podíamos ver el odio en sus ojos. Nos dijo que el nombre de Trinidad ya no era digno para él, y decidió cambiárselo. Primero eligió Max, como nuestro perro, luego Michael, como la Tortuga Ninja Michelangelo. En sus documentos aparece todavía como Trinidad Marín, pero desde 1996 es para nosotros simplemente Mikey. Mikey Rivera.

Yo decidí quedarme con el apellido Marín. No me avergoncé jamás de tenerlo, y jamás dejé de querer a mi padre, a pesar de que más de uno piense que estoy enferma, y a pesar de que mi madre me rogó y me rogó:

—Mi *princess*, tú eres Rivera. Dame ese placer. Eres Janney Rivera —me decía.

—Momma, Marín es lo único que me queda de él: los recuerdos, buenos y malos, y mi apellido —le contestaba siempre, segura de que jamás lo volveríamos a ver.

O al menos eso creía yo.

7.

NI QUINCEAÑERA NI *SWEET SIXTEEN*

La vida después del escándalo no se detuvo en aquella casa de Compton donde vivíamos. Esa fue la primera propiedad que mi madre compró en su vida, con dinerito que juntó echándole horas a su trabajo.

A pesar de la pena y el dolor que nos dejó la atrocidad cometida por mi padre, mi madre continuó pedaleando la bicicleta de la vida como siempre lo había hecho. El problema fue que yo estaba entrando en mis años más pendejos: la adolescencia, y andaba de rebelde y me gustaba mucho la calle. Y ella había comenzado a soñar por primera vez con ser Jenni Rivera, la chingona, la cantante. Esto no pintaba fácil para ninguna de las dos.

Y el pobre Juan en medio de la tormenta. Recuerdo que al principio no me cayó nada bien. Yo tenía apenas once años y todavía sufría en secreto por el abuso de mi padre. Que hubiera otro hombre cerca me ponía nerviosa. Además, me moría de celos sólo de pensar que ahora tendría que compartir a mi madre con otra persona. ¡Como si no fuéramos ya suficientes en la casa!

El primer día que Juan llegó con todas sus cosas y comenzó

a instalarse en el cuarto de mi madre, le rebusqué cosas en unos cajones y le rompí unas fotos. ¡Tremenda fiesta de bienvenida! Por supuesto que me cayó una buena. Mi madre, la implacable, se encargó de darme una buena chinga y mandarme castigada a la cama. Le bastó verme la cara para saber que había sido yo la culpable de tan bonito recibimiento.

Para mi sorpresa, Juan ni se enojó. Recogió los pedazos rotos y me echó una mirada picarona y medio divertida.

Así, siempre de buen humor y siempre con tiempo y paciencia para escucharnos, se ganó de voladita mi corazón y el de mis hermanitos. Mi nuevo padrastro era muy alcahuete conmigo y pronto se convirtió en nuestro cómplice para todo. Por ejemplo, cuando mi madre me ponía en aquellas dietas estrictas y perversas, él me traía *brownies* a escondidas y me los dejaba debajo de la almohada. Juan el travieso. Tal vez no era el mejor marido del mundo pero Juan era una persona que se hacía querer y no tenía ni una onza de maldad en ese cuerpo largo y flacuchento. Tanto me respetó, y tanto me comprendió, que tras la fuga de mi padre comencé a llamarle *dad*. Se lo merecía. Ese título hay que ganárselo. No se debería dar así nomás a cualquiera por el simple hecho de meter gol y dejar a la novia embarazada. Ser padre es algo mucho más grande y más serio.

Mi madre, por aquel entonces, se volvió más estricta conmigo, aunque la verdad siempre lo fue. Así son los Rivera con sus hijos: no les da miedo castigar o exigir disciplina y la chancla vuela antes de contar hasta tres. A veces pienso que era porque yo andaba de cabroncita y le contestaba por todo, y a veces por lo que sucedió con mi padre. Tras conocerse lo de mi abuso, mi Momma comenzó a tratarme con más dureza. Nunca me dijo por qué, pero con los años me di cuenta de que no quería mimarme y consentirme por lo sucedido y que me convirtiera en una víctima o en una debilucha. "¡Aaah, pobre Chiquis, mira lo que le pasó!". Que alguien pensara o dijera eso, la encabronaba muchísimo. A veces también pienso que yo le recordaba constantemente la vergüenza más grande de la familia, la sensación de haberme fallado, y no sabía cómo torear esos sentimientos. Debió de haber sido una época muy complicada para ella y entiendo que a veces le fuera difícil lidiar conmigo y con el pasado.

El caso es que cada vez que se armaba un problema, Juan era quien me defendía y me salvaba el trasero. Juan, el buen papá, pero el esposo infiel, porque luego resultó un tanto mujeriego y terminó dándole mala vida a mi madre.

Pero antes de que a Juan le diera por andar de chile verde y llegaran las peleas, el día a día entre mi madre y él era fácil. Mi Momma se quedaba más horas con nosotros, mientras Juan trabajaba en una fábrica cercana. En esos años, la cocina de la casita de Compton olía a verdadero hogar. Jenni, la mujer de negocios, ahora nos cocinaba, nos cuidaba, nos vigilaba de cerca. Juan, nacido y criado en el estado de Nayarit, México, era, como todos sus paisanos, súper aficionado al béisbol, y los fines de semana nos llevaba a jugar a cuanta liga había en el barrio. Mi madre disfrutaba al máximo acompañándonos y bateando duro también. Ella no era de las que se quedaba en las gradas mirando. El béisbol siempre fue otra de sus pasiones.

La verdad es que Juan y Jenni compartían gustos y cantidad de *hobbies*. Más allá del amor que sentía el uno por el otro, yo los veía como dos grandes cuates. Reían mucho, y les gustaba ver películas abrazados en ese enorme sofá verde que ocupaba casi toda la sala. Esos fueron días de familia normal, como nunca antes habíamos tenido. Días que duraron poco, como todo en nuestras vidas.

Ese "hogar dulce hogar" se terminó de repente gracias al divino registro de llamadas de los teléfonos modernos. Mi madre marcó un número desconocido y cachó a Juan en una de sus aventuras con una compañera de trabajo. Lo corrió de la casa al estilo Jenni, con venganza incluida, maldiciéndolo a la lumbre de una hoguera con sus ropas ardiendo en el jardín. Tiempo después lo perdonó y Juan se quedaría unos años más en nuestras vidas para darnos otro hermanito y animar a mi madre a triunfar.

Compton también fue el escenario de las primeras grandes peleas Jenni versus Chiquis. La sala con el enorme sofá se convirtió en nuestro cuadrilátero. Yo me estaba volviendo cada día más insoportable y mi madre se desesperaba cada vez más conmigo. Nuestra relación ya no era la misma de antes del escándalo. Reconozco que yo tuve gran parte de la culpa. Le fallé en muchas cosas.

Para ese entonces yo ya estaba en mi primer año de secundaria, y mis calificaciones eran medio malas. Puras Ces. Ces que a mi madre, la súper estudiosa, le sabían a poco. Cuando ella tenía mi edad, no bajaba de A.

—Yo siempre fui la más inteligente de la familia —me decía enojada al ver mis reportes—. ¿Por qué mi hermano Gustavo tuvo a los hijos más listos y yo a los más tontos?

Yo ni me atrevía a contestar a semejante pregunta. Mi primer idioma fue desde chiquita el español. El inglés me resultaba difícil en clase, y no me podía concentrar en nada. En ese entonces era —y sigo siendo— muy inquieta. Además, yo sólo quería ser libre y andar de vaga. Odiaba las responsabilidades. Después de que todos se enteraron del secreto de mi padre, o mejor dicho, de mi secreto, sentía que el mundo me la debía y que merecía que me dejaran en paz.

Para acabarla de fregar, mi madre, además de ser una estudiante ejemplar, siempre fue una *nerd* sin mucha vida social, que no salía de fiestas, y al primer noviecito se embarazó y se le acabó la *party*. Yo, en cambio, era popular. Era muy amiguera, y poco me costaba faltar a clase e irme de pinta. Me gustaban los chicos (aunque de lejitos, por razones obvias). Me gustaba el delineador de labios oscuro y los aretes enormes. ¡Me sentía como la *little* chola! Mi madre se frustraba y me gritaba: "¿Quién te crees tú? ¡Te me quitas eso, no seas ridícula!". Difícil de creer, pero la que luego se convirtió en La Socia y se soltó la greña, jamás fue chava de la calle. Al contrario, Jenni era una hija bien portadita y una mamá exigente. Fueron los hombres en su vida, y el duro mundo de la carrera artística que en aquel entonces estaba a punto de iniciar, los que luego, poco a poco, la convirtieron en esa Jenni más atrevida. Más tarde la veríamos como la Diva y finalmente como La Gran Señora. Las mil metamorfosis de esa mariposa de barrio que perfectamente narran sus canciones, y que a mí me tocó vivir junto a ella, minuto a minuto.

—¿Por qué eres tan dura conmigo? —le reclamaba entre llantos. Lo que yo no entendía era que mi madre a los veintinueve años ya tenía cuatro chamacos. Era muy joven, y no podía con todo lo que la vida le había echado al plato.

—¡No llegaste a este mundo con un pinche manual, Chiquis! ¿Cómo diablos te voy a entender? —me gritaba cuando ya no podía más, aguantándose las lágrimas—. Yo nunca hice estas cosas. No entiendo por qué las haces tú.

Tantas cosas que no comprendíamos la una de la otra, como aquella primera vez que me corrió de la casa. Yo tenía catorce años, y andaba de exámenes finales de noveno grado en el Jordan High School de Long Beach. Durante esos días nos dejaban salir antes de la hora. En lugar de llamar a mi madre, se me hizo fácil cruzar la calle e irme a comer una hamburguesa con mis amigas.

Después caminé a la gasolinera donde siempre me recogía mi padrastro a las dos y media.

Nada más subirme al auto, Juan me pasó el teléfono:

—Chiquis, cuando llegues a casa no te muevas. Espera a que yo llegue. Estás en *deep shit* —era mi madre en la línea, fría y desafiante.

—¡Pero, Momma! —intenté explicarle.

—¡No quiero babosadas! —me gritó sin escuchar mis palabras y me colgó.

—Tu *mom* vio a los otros estudiantes caminar temprano a casa y llamó a la escuela. Ya sabe que hoy saliste a las doce —me informó Juan mientras manejaba.

Al llegar a la casa, Juan se fue derechito al garaje, a trabajar en sus autos y a esconderse de la tormenta que se nos avecinaba. Yo no sabía qué hacer, así que fingí quedarme dormida en el sofá para evitar a mi madre cuando regresara.

¡Pum! Portazo. Y su voz muy tranquila:

—¿Quieres que te meta una chinga o mejor otro castigo?

No le contesté. Estaba aterrorizada. Mi madre no se andaba con rodeos. Era tan dulce y amorosa como estricta y drástica. Con el arranque que la caracterizaba, agarró unas tijeras enormes con una mano, y con la otra mi chongo, y tras tras tras... los mechones empezaron a caer a puñados en el suelo. Mis lágrimas también.

¡A los catorce años sobra decir que mi cabello era mi vida! ¡Era mi personalidad, mi orgullo, lo que me diferenciaba de otras niñas en clase! Una melena espléndida, color café brillante, con ondas suaves y sedosas. ¡Mi pelo! El pedazo más largo que me dejó, entre hoyos y trasquilones, fue de DOS pulgadas. Parecía que tenía sarna.

—Ahora ponte unos zapatos y sal de mi casa, *bitch* —me dijo mientras se daba la vuelta y dejaba las tijeras en la mesa. La sentencia estaba echada. Así era *judge* Jenni, la juez implacable.

PERDÓN

Me amarré los tenis, me calé la capucha de la chamarra hasta la frente para tapar la vergüenza y salí disparada. Eran las cinco o seis de la tarde.

Juan seguía en el garaje con la puerta abierta.

—Enséñale a tu padre lo que te acabo de hacer —gritó mi madre con tono irónico desde la entrada.

Me detuve en medio del jardín y me quité el *hooddie*. Juan, el dulce Juan, comenzó a llorar. Me quería de verdad y le dolió verme así. Yo creo que también le aterraba la sangre fría que a veces demostraba mi madre.

Vi la cara de mi madre, molesta por las lágrimas de Juan, y me fui volando. No quería meter a mi padrastro en más problemas. Mientras corría por la banqueta escuché cómo se peleaban.

—¿Pero estás loca? ¿Por qué le hiciste semejante cosa? —le reclamaba Juan.

—Porque no me va a hacer pendeja.

Pobre Juan. Demasiado tarde. Ya le iba a caer a él también su regañada por andar defendiéndome.

Unas cuadras más abajo me detuve en un teléfono público y llamé a una amiguita de la escuela. La chava me dijo que podía quedarme en su casa un par de semanas, al menos hasta que termináramos los exámenes finales.

A los dos días, otras compañeras me contaron que mi abuelita iba de puerta en puerta buscándome como loca y que incluso se había enfermado de la preocupación. La llamé y me rogó que me fuera para su casa. Y allí pasé todo ese verano del 2000. Así fue como me hallé de vuelta en mi verdadero hogar, en mi casita con olor a frijoles y a Pine-Sol. No pude caer en mejor lugar. Allí, a la semana de llegar, cumplí mis quince años.

Para las latinas en todo el planeta, los quince, junto con la boda, son los días más importantes de nuestras vidas. No hay

49

quince sin una fiesta grande, banda y mariachi, vestido largo y paseo en *limousine*. Yo, en cambio, lo celebré en la cocina de mi abuelita Rosa, que me compró un pastelito, y con mi tía Rosie, que me prestó algo de ropa. Después de la cena me quedé mirando el teléfono hasta pasada la medianoche. Uno de esos teléfonos verdes colgados en la pared. Nunca sonó.

"*¡Happy Birthday*, mija!", me imaginaba yo la voz de mi madre en mi cabeza. Pero ese teléfono no sonó para mí en dos larguísimos meses. Esta fue la primera vez que mi adorada madre me dejó de hablar por tanto tiempo. La segunda sería al cabo de muchos años, pero esa vez nuestro silencio tendría un final inesperado.

—*Happy fifteen* —me dije esa noche antes de apagar la luz y ponerme a soñar con vestidos largos, guapos chambelanes invitándome a bailar y mis amigas muertas de la envidia. Entonces recordé que mi madre tampoco tuvo fiesta de quinceañera. En aquellos años mi abuelo apenas ganaba para alimentar a seis chiquillos y pagar la casa. Aun así, mi abuelo Pedro, con todo el cariño del mundo, la paseó en un auto convertible y la invitó a cenar. ¡Aaaah! Quedaba comprobado que no estábamos de suerte con esta tradición tan mexicana. Ni modo.

Siete días más tarde fue el cumpleaños de mi madre. Yo cumplo el 26 de junio, mi madre el 2 de julio y mi tía Rosie un día después, el 3. Era la semana con más *parties* para los Rivera. Pero no en esta ocasión.

Esa mañanita le envié un fax a su oficina que decía: "*Happy Birthday*, Momma, te quiero mucho".

Malditas máquinas. Silencio total. Años más tarde sería Twitter el que se quedaría mudo durante nuestras peleas.

Mientras, los días de verano sin nada que hacer transcurrían lentos en la casa de mis abuelos. ¡Engordé un chingo! Me sentía tan deprimida sin mi hermosa melena y sin mi madre y mis hermanitos, que me dediqué a tragar en esa cocina donde nunca faltaban las tortillitas hechas a mano.

Mi tío Lupe, quien ya había comenzado su carrera de cantante como Lupillo Rivera, pero todavía no ganaba ni para cambiar el auto, me vio tan desesperada que me dijo:

—¡Ámonos! Se me sube al carro, porque no la quiero ver más con esa cara de mensa.

Lupe me llevó a un salón y pagó de su bolsillo mil doscientos dólares para que me pusieran trencitas postizas por toda la cabeza. Las pedí color café y güeras. Según yo, me quería parecer a la cantante Brandy. Me tuvieron sentada en esa silla de la peluquería dos días enteros, desde la mañana hasta la noche. ¡Qué manera de sufrir, Dios mío! Pero me sometí a la tortura sin rechistar. Estaba muy agradecida con mi tío Lupe por tan bello regalo, y además me negaba a comenzar décimo grado con pelo corto y horrible.

Una mañana, mientras me arreglaba el *look* a lo Brandy recién estrenado, mi madre entró en casa de mi abuelita como si nada. Se me acercó, me agarró de la lonja que sobresalía de mis *jeans* y me dijo:

—Es hora de que regreses a casa. Recoge tus cosas.

Yo no protesté ni pregunté.

Una vez en el carro, nunca me dijo *"Sorry, I love you"*, ni nada por el estilo. Las dos permanecimos calladitas, mirando a los otros carros pasar.

Así nos reconciliamos. ¡Por la lonja!

—En cuanto lleguemos a casa te voy a quitar esas greñas ridículas, te voy a meter en la dieta de la zona, y ya estuvo —me advirtió muy seriecita.

—OK, Momma —le contesté escondiendo mi inmensa felicidad. Sabía que había recuperado a mi mamá adorada. No me importaba que ahora fuera ella la que me iba a torturar con sus exigencias, sus proteínas y sus carbohidratos.

A los tres días comencé la escuela con el pelito corto que ella misma me peinó y que todos me chulearon en clase, y perdí la lonja en cuestión de semanas. ¡Jamás he vuelto a estar tan flaca en mi vida!

Jenni la entrenadora me controlaba hasta los vasos de agua que me tomaba, y me ponía a bailar treinta minutos todos los días en el garaje, fajada en una bolsa de basura. ¡Y órale! ¡Felices quince, Chiquis!

La vida volvió a la normalidad en la casa de Compton y de los quince pasé a los dieciséis enamorada como una tonta de un tal José. En casa me tenían prohibido andar con novio, y aunque me atraían los muchachos y era una coqueta sin remedio, no me atrevía a darle el sí a ninguno. Mi secreto me aterraba. ¿Qué tal si al darme un beso se daban cuenta de lo que me había sucedido? ¡Sería el fin del mundo!

José logró ganarle a mi miedo. Era un rebelde sin causa. Chistoso. Simpático. Y con su sonrisa y su forma de ser me encandiló. Su pasión eran las famosas *street races*, las carreras callejeras de autos. Me invitaba a irnos de pinta. Cuando estábamos juntos me intentaba besar y me daba miedo, pero al mismo tiempo me gustaba. Sólo lo dejaba que me agarrara de la mano. Yo me martirizaba pensando que estaba sucia y usada. "¿Y si se da cuenta del abuso de mi padre?", me repetía yo cada vez que él intentaba llegar a primera base. Pobre José, creo que olió mi miedo, y tras calarle un par de veces, no insistió más. Claro que pronto perdería el interés al no conseguir apuntarse un jonrón y me dejaría por otra. Ese es el jueguito a esas edades.

Así llegaron mis *sweet sixteen*, viendo las carreras desde la banqueta, con mi mano sudada, que no soltaba la mano de José, y el ruido ensordecedor de los motores. Los carros tuneados quemaban llanta mientras se hacían las apuestas, y la música de Notorious B.I.G. sonaba fuerte: *"You know very well who you are. Don't let em hold you down"*. Y de pronto salíamos todos volados, espantados por el ruido de las sirenas de la policía. Nadie quería terminar la noche en el bote. Éramos parte de los *cool kids* de Long Beach, aunque fuera por unas horas.

Y cuando todo se acababa, me tocaba regresar a la casa, pasada la medianoche, con mis miedos en los bolsillos: el miedo a que me descubriera mi madre. El miedo a que los demás chavos descubrieran mi pasado. Mis malas calificaciones, mis libras de más. Mis tres hermanitos que tenía que cuidar todas las tardes.

Al menos el rugir de los carros en plena noche por esas calles industriales cercanas al puerto me hacía sentir bien.

8.

YO SOY EL *AIR FORCE*

—¿**Q**uién es esa? —me preguntó un chavo en mi salón, señalando la foto que yo llevaba metida entre el plástico de mi carpeta.

—Mi Momma. Un día va a ser tan famosa como Selena —le contesté con toda la seguridad del mundo.

En la foto, Jenni posaba con unos *jeans* ajustados y un top fucsia muy sexy.

—¡Oh, sí, seguro! —se burló el niño de mí—. La gran Jenni Rivera, ja-ja. ¡Deja que me ría!

—¡Baboso! —le grité y le di tremendo empujón. Agarré mis libros y me alejé con la cabeza en alto, agitando mi coleta de lado a lado.

Recién había comenzado sexto grado. Ya vivíamos en esa casa de Compton en Keene Avenue que mi madre compró soltera, solita y con mucho esfuerzo. Por primera vez mi Momma hablaba de grabar con el abuelo algunas de las canciones que escribía medio en secreto. Yo era su fan número uno. Soñar juntas era divertido, aunque el mundo se burlara de esa pobre mamá llena de hijos.

Una noche, viendo los premios Grammy en la televisión, Momma nos dijo:

—¿Qué tal si le calo a esto de la cantada en serio?

—¡Sí, sí, sí! —la animamos Jacqie y yo.

—¡Y te ganarás un Grammy, Momma! —gritó Mikey, el entusiasta.

Por aquel entonces, mi tío Lupe recién se estaba dando a conocer, pero nuestra realidad era otra, muy diferente al glamour y la fama.

En la casa de Compton no nadábamos en la abundancia. En la escuela se burlaban de mí porque llegaba con ropa usada de mi madre, que me quedaba grande y con agujeros. En la mesa nos esperaban las tortillitas enrolladas con sal y frijoles para el almuerzo y los cereales para la cena. Menú de pobres, aunque nosotros, tan inocentes, ni cuenta nos dábamos. Tan mal se puso el asunto que, durante unos meses, mi madre la luchadora tuvo que pedir WIC, el programa de alimentos del gobierno para familias en apuros. Ni modo. Los trabajitos de oficina no alcanzaban para más, y las ventas de casas habían decaído en esa otra burbuja de mediados de los noventa.

Pero creo que la primera vez que me di cuenta de que éramos oficialmente pobres fue en la navidad de 1996. Al llegar de la escuela, vi unas lucecitas por la ventana de la casa. Al entrar, me quedé mirando el arbolito que mi madre, con todo su cariño, había puesto junto a la televisión. No medía más de dos pies, y las bolas que lo adornaban se podían contar con una mano.

"Uff, debajo de ese arbolucho no cabe ni un regalo", pensé un tanto triste.

Creo que esa Navidad con cereales y frijoles y el árbol raquítico fue cuando mi madre decidió que subirse a los escenarios sería la única manera de acabar con nuestra mala racha. ¿Por qué no? Mi tío Lupe ya lo estaba haciendo y no le iba tan mal. Incluso mi tío

Juan andaba grabando sus canciones. Mi Momma era tan Rivera como ellos, y la música es lo que todos mamaron.

Sin esperar más, mi madre se puso manos a la obra, y compuso y grabó "Las Malandrinas", aunque esa canción no pegaría hasta mucho después. Por unos meses intentó cantar acá y allá, pero de repente, y de sorpresa para todos, se retiró. Ni siquiera Juan, quien ya era su pareja y la acompañaba a sus pequeñas presentaciones, lo entendió.

—¿Qué mosco te picó? ¡Síguele, Jenni, eres buena! —le reclamaba Juan.

—A la chingada. Esto es muy duro. Es un mundo de hombres. No me gusta —le respondía, toda sacada de onda. Es lo único que nos dijo, y le creímos.

No fue hasta que leí sus memorias póstumas, muchos años después, cuando me enteré de la verdadera razón por la que colgó los micrófonos y casi no regresa a cantar en aquella ocasión.

En ese fatídico 1997, a mi madre, mientras Juan cumplía unas noches de cárcel por haberse metido en líos, la violaron unos extraños que la siguieron al salir de un club. Esto le sucedió tan sólo meses antes de que descubriera que Rosie y yo habíamos sido abusadas por mi padre. Hasta la fecha me duele escribir estas palabras. Violada el mismo año en el que se enteró de que su ex esposo, Trino, había violado a su hija y a su hermana. Con sólo pensarlo, siento que me falta el oxígeno.

¿Cómo no nos dimos cuenta? Mi tía Rosie y yo estábamos tan asustadas con nuestro propio drama que no notamos nada extraño. Además, mi madre se encargó de mantenerlo en el más absoluto secreto por el resto de su vida.

Ahora entiendo mejor su cara de terror sentada aquella noche en medio de la oscuridad con cuchillo en mano, en espera de que arrestaran a mi padre. Odios y miedos mezclados y revueltos hasta el mismito infierno.

Aun así, mi madre la inquebrantable dio a luz a nuestra bella Jenicka y retomó alegremente sus trabajos de oficina y de venta de casas, sin rechistar. Digna, trabajadora, cariñosa, sin una queja ni venirse abajo.

Desde estas líneas le pido perdón a mi madre, porque ese año todos le fallamos. No pudimos entender ni la mitad del dolor detrás de esas lágrimas que derramó en ese maldito sofá verde.

Y el tiempo pasaba, y yo, ajena a su secreto, le insistía:

—Momma, lo tuyo es cantar. ¡Vamos, vamos!

Tanto le rogamos todos, que ya con el alma más tranquila, Jenni Rivera salió a buscar a sus Malandrinas. Recuperó aquella canción que grabó antes de tanta desgracia, y con la ayuda de Juan, su fan incondicional, comenzó a ofrecerla por las estaciones de radio y por cuanto *nightclub* la quisiera tocar.

—¡Ah, la hermana de Lupillo Rivera! —le decían. Mi tío Lupe ya había pegado fuerte con "El Moreño" y con sus *Puros Corridos Macizos*. A mí me encantaba que nombraran a mi tío. A mi madre también, pero llegó a cansarle. ¿Quién la iba a tomar en serio en ese mundo de hombres del corrido y de la banda si sólo era la hermana de fulano? ¡Nosotros! Nosotros, sus hijos, la tomamos muy en serio.

Yo, con mi pelito cortito y mis *jeans*, salía los fines de semana a vender sus posters y sus playeras por ferias y festivales. Mi madre cargaba a Jenicka bien chiquita en su cadera, yo la pañalera, los CD y las cajas, y Jacqie y Mikey las bolsas con los *snacks*. Tres años después me tocaría cargar a mi hermanito Johnny de escenario en escenario. ¡Éramos un equipo invencible!

Fue en esos dos últimos años de preparatoria cuando me quedó claro que yo había nacido para ayudar a mi madre. Yo sentía, y siento hasta hoy, que nací para hacer el sueño de la familia realidad. Porque su sueño era *nuestro* sueño. Ella, y lo digo sin grandes egos, logró hacer lo que hizo porque yo me quedé en casa cuidando de sus pollitos. De mis pollitos.

Detrás de una gran mujer no siempre tiene por qué haber un gran hombre. En esta historia hubo una hija, y toda una familia de padres, hijos y hermanos ayudando y arrimando el hombro.

A mis diecisiete dejé atrás a aquella Chiquis callejera y medio rebelde. Me enfoqué más en la casa y en los niños. Juan dejó su trabajo para acompañar a mi madre a sus conciertos y asistirla como encargado de sus *tours*.

Por las tardes, yo llegaba corriendo de la escuela para preparar las cenas y ponía la radio a todo volumen. Y *¡zas!*, tocaban "Las Malandrinas". "*¡Oh, yes!* —pensaba en voz alta mientras doblaba ropa, tiraba pañales a la basura y bañaba a Jenicka—. Esos tontos de la escuela van a ver que no mentí. Jenni Rivera ya suena en la Que Buena".

Y, como siempre en la vida de mi madre, cada vez que el avión comenzaba a despegar, aparecía otro hijo. Aunque nuestro Johnny sí que llegó con ese esperado pan debajo del brazo. ¡Al fin!

Apenas estrenábamos el 2001, y mi tío Lupe estaba en lo más alto con sus temas "Despreciado" y "Gabino Barrera".

Allá adonde íbamos nos gritaban: "¡Las sobrinas de Lupillo!". Pero poco a poco las cosas empezaron a cambiar y los fans comenzaron a decirnos: "¡Las hijas de Jenni!".

El mismo éxito de tío Lupe fue lo que animó a mi madre esta vez. Decidió que no colgaría su carrera por el embarazo. Una vez que dio a luz, me pasó a ese niño de carita perfecta y me dijo muy clarito:

—Mija, ahora sí que te necesito, mi *princess*. Ahora más que nunca.

Fue así como Johnny se convirtió en mi *baby* desde el primer día.

Desde Tucson a Bakersfield, desde El Paso a Raleigh, mi madre nos llamaba a la casa antes de subir al escenario. Era su gesto de la suerte. Sin esa llamada no se quedaba tranquila.

—¿Cómo está mi rey? —me preguntaba con un poquito de tristeza.

—Momma, *don't worry*. Johnny está dormidito en mis brazos. Está bien. Ve y demuéstrales lo que vales. Chíngate a todos en ese escenario.

—*I love you*, mija —me decía. Después colgaba y yo me imaginaba los aplausos y a Jenni Rivera levantando la frente, satisfecha, y, acto seguido, dejando caer su cabello largo y güero hacia adelante, en una dramática reverencia.

En tan sólo un año, mi madre la sacrificada y la trabajadora, cantó en cuanto pueblo, rancho o club la invitaron. Jenni Rivera no hacía feos a ningún evento. Ella sólo veía pan para sus hijos. O mejor dicho, ¡carne asada!, porque nuestro menú estaba a punto de cambiar.

Una tarde estábamos todos de vagos por la casa cuando llegó mi madre con sus acostumbrados gritos:

—¿Qué hacen en el sofá? Apaguen la televisión. ¡Órale! ¡Arriba! Suban al auto. ¡Vamos, vamos! —En un abrir y cerrar de ojos nos sacó a todos rezongando de la casa—: Quiero que vean una cosa.

Sin contar mucho por el camino, nos llevó hasta Corona, a cuarenta millas de Compton, nuestro hogar por los últimos años, y a cuarenta millas de nuestro amado Long Beach.

—Miren. Esta es su nueva casa —dijo mientras detenía la

camioneta en lo alto de una colina. Al fondo se veía un edificio de dos plantas rodeado de un enorme terreno.

¡La cara que pusimos al entrar por esa puerta doble!

—¡Pinche casonón! —Yo no salía de mi asombro—: ¿Esto significa que ya somos ricos? *¡Oh shit!*

Mi madre se echó a reír, y muy pícara me guiñó un ojo:

—Significa que somos bendecidos, muy bendecidos.

Prácticamente, de comer tortillas con sal pasamos en poquitos años a una casa de siete mil pies cuadrados.

María Félix dijo: "El dinero no da la felicidad, ah, pero cómo calma los nervios". Santa verdad. Nuestras vidas mejoraron notablemente. Ahora podía elegir para mis hermanitos todo aquello que yo no tuve: recámaras más espaciosas, mejores doctores, mejores escuelas y mejor comida en el refri.

Y así, en la nueva casa de Corona, y en mi rol de madre, llegaron mis dieciocho años y mi graduación de *High School*.

Se supone que a los dieciocho decides qué vas a hacer con tu vida. Yo, aunque era feliz de poder ayudar a mi madre, también tenía mis propios sueños. En secreto, como toda chava, y desde bien chiquita, cerraba los ojos y me veía cantando o actuando. No estaba segura. Obviamente que sólo se trataba de tímidas fantasías mientras buscaba el otro tenis de Mikey debajo del sofá, o desenredaba el cabello a Jenicka con No More Tangles.

—Ya lo decidí —le dije a mi madre una noche después de que llegara agotada de uno de sus constantes vuelos—. Mom, me voy a ir al *Air Force*. Me raparé la cabeza, y en esos cuatro años tendré tiempo para pensar qué quiero ser en la vida.

—No entiendo —me contestó mi madre incrédula.

—Sí, Momma. La Fuerza Aérea me pagará la universidad.

—Yo soy el *Air Force*, mija. Yo me parto la madre cada día para que tú tengas lo que quieras. No necesitas que nadie te pague nada. Acá tienes de todo. Y la que te necesita soy yo, con los niños, Chiquis. Sin ti no puedo. Yo te doy chamba.

Y sin más que hablar, me convertí, además de en la mamá de mis hermanos, en la secretaria personal, estilista de vestuario, consejera, contadora, *personal shopper* y hasta animadora de la nueva Diva de la Banda. Confieso que me gustaba. Sentirme necesitada por mi madre y mis hermanos era mi mayor retribución. No podía imaginar mejor recompensa por esos días de catorce o veinte horas sin descanso.

Con el trabajo duro y la casa de Corona, llegó también nuestra Vida Loca. Especialmente después de la inevitable separación de Juan y Jenni. El padre de mis dos hermanitos pequeños y mi gran cómplice, un buen día hizo las maletas y se mudó a un apartamentito no muy lejos. Mi madre ya no aguantó más. Esta vez no fueron los celos ni las infidelidades, esta vez fueron las constantes peleas por el trabajo: que si tú que si yo, que si no haces nada, que si yo dejé mi otra chamba por seguirte a ti. No soportaron la presión, y mi madre estalló el día en que se encontró a Juan acostado en el sofá, con una mascarilla en la cara, viendo un partido de béisbol, muy conchudo. Ella acababa de llegar de uno de sus agotadores viajes y ahí mismito le pidió la separación. Los antiguos *best friends* ya no se soportaban. Y por testarudos, le dijeron adiós a ocho años de relación.

Juan me rogó que le ayudara y que convenciera a mi madre. No quería perderla y no quería el divorcio. Pero le dije que lo mejor sería que cada cual tomara su camino. Yo adoraba a Juan, pero ya no soportaba ni un grito más en esa cocina espléndida, rodeada de mármoles blancos y electrodomésticos carísimos. Lo cierto es que las discusiones de pareja son igual de feas en una cocina de Compton que en una de Beverly Hills. La separación era el único remedio a esas alturas.

Claro que el día que recogió todas sus cosas y se fue me puse súper triste. Mis hermanitos perdían a su papá, aunque no del todo, pues los visitaría a menudo. Y yo perdí a mi buen amigo, que me respetó y comprendió hasta en los momentos más horribles de mi vida.

Al poco de la partida de Juan las cosas cambiaron en Corona. Todo comenzó con la ropa.

—Chiquis, cómprame algo más moderno, más atrevido, mija —me pedía mi madre antes de que fuera a mis acostumbradas visitas semanales a Macy's.

Yo me encargaba de surtir el armario para sus *shows* y también de comprar joyas que mi madre lucía en el escenario y luego arrojaba a sus fans en pleno concierto. ¡Docenas de collares y pulseras que volaban por los aires cada mes!

Verla vestida más sexy no me molestaba. De hecho me halagaba que mis amigos me dijeran: "¡*Wow!* Tu madre se ve *hot*".

Lo que me molestó fue la actitud que llegó junto con esa ropa. Parecía que quisiera recuperar su adolescencia perdida y que estuviera compitiendo con quién sabe quién para verse más joven. ¡Me traía loca con sus minifaldas, sus secretitos en el teléfono y sus constantes fiestas con las amigas!

Poco a poco me acostumbré a la nueva Jenni, y por primera vez comenzamos a vernos como amigas, y no sólo como madre e hija. Ella dejó de ser tan estricta conmigo y empezó a tratarme como a una adulta. Yo dejé de criticarla por sus locuras y aprendí a aceptar que Momma no iba a llegar a la casa y ponerse un vestido de Ann Taylor ni unos pantalones *capri* de color caqui de GAP.

Jenni la soltera se había soltado la greña oficialmente. Era su primera vez sola, de cabrona y con lana en la bolsa, y sin un hombre que le diera órdenes desde que tenía quince años. ¡Nada la iba a detener!

Un jueves aburrido, entre concierto y concierto, la nueva Jenni, con su álbum *Mi Vida Loca* recién estrenado, me sorprendió:

—Vamos —me dijo.

—¿A dónde?

—A hacernos un *piercing*. ¿No que querías uno?

—Sí, Momma... pero no hoy. ¿Y contigo?

—Conmigo o nada —me amenazó muy pícara.

En media hora estábamos las dos sentadas en el primer salón de tatuajes que encontramos abierto a esas horas de la noche.

Ambas optamos por un *piercing* en el ombligo. Con el tiempo, el mío sanó perfectamente. El de mi madre se infectó porque no se lo cuidó bien, y le ordené que se lo sacara. La hija regañando a la madre. Eran tiempos locos, sin duda.

Y con esta vida loca nos llegó el amor a las dos. Primero el de ella.

Al principio mi madre nos lo escondía, pero como no hay secreto que dure cien años, una tarde lo trajo a casa. Lo invitó a una carne asada con el propósito de presentárnoslo. *¡Oh, my God!* Casi me muero. El tipo era un pelón que parecía un *little* cholo, tan sólo tres años mayor que yo. Si la matemática no me falla, yo tenía dieciocho cuando lo conocí, y él no pasaba de los veintidós, lo cual significaba que se llevaba once años con mi madre.

Lo chistoso es que desde el momento en que lo saludé me cayó rebién. Ferny es así. Es un buen tipo. Muy bromista. Nos defendía y calmaba a mi madre cuando nos regañaba.

Poco a poco Ferny, con su *look* cholo y su corta edad, se ganó el cariño de todos. Jacqie y Mikey lo adoraban pues Ferny los hacía reír a carcajadas. Pronto me di cuenta de que este pelón sabía sacar lo mejor de la carrera de mi madre. Le daba ideas rebeldes y creativas, y le hablaba de las modas de la calle.

—Tienes que sacar lo *funky* que llevas dentro—le decía a mi Momma—. Pórtate como la chava de Long Beach que eres.

¡Y cielos que sí sacó mi madre su *funky* y su Long Beach! Ferny la volvió más atrevida, y esa Vida Loca alcanzó los primeros lugares en la radio. Aunque mi madre me llegó a confesar que la destrampó también de otras maneras.

—Este es el hombre que me hizo mujer de verdad. A mis treinta y cuatro es la primera vez que me gusta la cama —me dijo una noche en una fiesta de amigas, con unas copas de más.

—¡Oh no, Momma! ¡Ni me cuentes! —exploté en risas, muerta de la pena.

Mi madre estaba pasando por una etapa de cambio y la realidad era que me tenía que acostumbrar a *Jenni mi amiga*. Aunque lo cierto es que mi madre jamás dejó de castigarme, aconsejarme, protegerme, cuidarme o controlarme. Amigas sí, pero a ratitos, porque Jenni fue siempre mucha madre para mí, hasta el final.

Y tal vez porque Jenni era mucha Jenni para un chavo de las calles del valle de San Fernando, su relación con Ferny se convirtió en un ir y venir, como ya le había ocurrido antes en su vida. Además, el hecho de que Ferny desapareciera días enteros en la parranda y regresara flaco, como un cadáver andante, y con los ojos perdidos, tampoco ayudó mucho. Todo eso, más el carácter de mi madre, que nunca fue dócil, y su carrera, cada día más exitosa, ocasionó peleas explosivas.

En una de esas discusiones mi madre, como siempre la vi hacer con los hombres, fue la que dijo "no más" y lo sacó de su vida. Aunque no completamente.

Ferny quedó relegado al amante o al amigo entre futuros novios, rupturas y reconciliaciones. Este chavito de las calles del valle le caló tan profundo en el corazón a mi madre que jamás lo dejó de amar. Fernando, su *sweet* pelón.

Esos fueron los años locos en esa casa encima de la colina. Años que recuerdo con cariño cada vez que manejo por la 91.

Aunque fue justamente en Corona donde nos llegó otra noticia devastadora: el fantasma de mi padre andaba muy cerca. Tan cerca que no podíamos ni imaginarlo. ¡Justo por esa carretera 91! Un fantasma que, después de siglos sin saber nada de él, iba a regresar a nuestras vidas para reabrir heridas y causar más daño. Era inevitable.

9.

BESOS SIN MUCHA CAMA

Lo conocí en la casa de Corona, mientras mi madre vivía su propio gran amor en esos años locos.

—Chiquis, encárgate de llamar a todos, de traer al DJ y de que no falten las cervezas. —Mi madre me dio las instrucciones bien clarito—. ¡Pero cuidadito, no te me pongas a coquetear con sus amigotes!

Quería que le organizáramos la fiesta de cumpleaños a su querido Ferny.

Era el 2004, y a mis dieciocho años yo seguía más monja que monja. Entre mis miedos del pasado, la casa, los niños y la carrera de mi madre, no me quedaba mucho tiempo para salir con chavos. Y sobra decir que mi Momma me protegía como pitbull de South Central. ¡Todos los tipos eran poco para ella! Creo que era su miedo a que me hicieran daño.

Esa semana preparé todo para la carne asada del sábado y ese día apareció Héctor.

Héctor venía de invitado de un conocido de Ferny, pero no era amigo directo del pelón, así que técnicamente quedaba fuera de los límites que me marcó mi madre.

Como en las películas, él me miró, yo lo miré y ¡zas! Flechazo.

—¿Te ayudo con el pastel? —se ofreció rapidito para acomodar las cosas en el jardín.

Al principio de la fiesta no me atreví a hablarle mucho. Además yo andaba súper ocupada atendiendo a todos los invitados. ¡Y las invitadas! Porque llegaron las *strippers*. El mismo Héctor las había contratado.

Las chavas se pusieron muy mamonas y comenzaron a pedirme que las dejara entrar en la casa para arreglarse. Se quejaron de que no querían salir al jardín. Me exigieron que moviéramos al cumpleañero y a todos los invitados dentro, porque querían bailar en la sala. ¿Algo más?

—¡Todas afuera! Al patio. Ahora se chingan —les dije, y sin más las corrí de la casa.

—¿Por qué las sacaste? —me reclamó Héctor de inmediato.

—Porque nadie puede entrar. Esas son las reglas de la fiesta. En el patio sí, en la casa no —le contesté bien cabroncita.

—Pero tienen frío.

—¡No me importa! Ese es su trabajo, ¡encuerarse donde sea!

Yo no estaba dispuesta a ceder. Las reglas eran las reglas, y además esas tipas se comportaban como si fueran la última Coca-Cola del desierto.

Héctor me miró con ganas de empujarme a la alberca por bocona, pero mejor se dio la vuelta y fue a calmar a las *strippers*, que se querían ir sin actuar.

Al final las viejas bailaron a regañadientes en el jardín y se fueron con su *show* a otra parte. Pasada la medianoche, y cuando la fiesta ya decaía, me remordió la conciencia y me acerqué a Héctor.

—¿Te puedo ofrecer un *drink?* —le pregunté en son de paz.

—OK, pero sólo si me dejas tomarme una foto contigo—me contestó todo seriecito—. Acompáñame a buscar las baterías de la cámara, las tengo afuera en el carro.

Creo que eso de las baterías fue una excusa para llevarme a un lugar a solas, porque nada más llegar al auto, se lanzó:

—Dame tu teléfono —me pidió sin perder más tiempo.

—Mejor dame tú el tuyo —le contesté.

—Toma. —Y me pasó una de sus tarjetas de negocios.

—¡Oh, shit! —exclamé al leer que trabajaba para Estrella TV—. A mi madre no le va a gustar esto.

—Veremos... —respondió Héctor cruzando los brazos en plan chulito.

Tardé un mes en confesarle a mi madre que andaba viéndome con Héctor.

—Ese güey sólo quiere salir contigo porque trabaja en la televisión y tú eres hija de famosa. Quiere sacar algo.

—No, Momma, te juro que es buen chavo. *Please, please, please*—le insistí.

—OK, tráelo a cenar a la casa este viernes. Haremos cita doble: tú con él y yo con Ferny.

Hmmmm. Se me hizo raro que mi madre accediera tan rápido. La conocía bien. Estaba claro que tramaba algo... Mi Momma era la experta en estrategias y sorpresas.

Ese viernes, Héctor llegó con un suéter negro elegante y muerto de miedo, y con un paquete de Michelob Ultra, la cerveza favorita de mi madre. Ella también se esmeró en agradarle y nos cocinó filete de res con camarones, aunque yo no paré de sudar durante toda la cena, esperando la bomba.

Al final de la noche mi madre disparó el misil:

—Mira, mijo, si quieres ser novio de Chiquis, no veo ningún problema. Pero vas a tener que dejar esa chamba en la televisión.

Y dicho y hecho: Héctor a las pocas semanas se olvidó de Estrella TV y no sólo eso, comenzó a trabajar para mi madre en algunos proyectos. A sus veintidós era muy inteligente: si no puedes con el enemigo, únete a él. Así se ganó a la suegra y de paso también se ganó a la hija.

Héctor y yo estábamos verdaderamente enamorados. Yo me moría de ganas de acercarme más físicamente a él, pero a la vez me daba terror. Pasamos meses a puros besos.

Héctor se armó de paciencia y me demostró que no todo el mundo llega a tu vida para hacerte daño. Él ya sabía parte de mi pasado. Creo que algún amigo de Ferny le fue con el chisme, pero no pareció importarle. ¡Al contrario! Me dijo que me entendía y que esperaría a merecer mi confianza.

Y lo logró.

Sucedió una noche en su casa. Me armé de valor y me dije: "Es ahora o nunca". Le pedí, eso sí, que dejáramos la luz prendida. La oscuridad del pasado no podía arruinarnos un momento tan bello.

No fue el capítulo más sexy de mi vida, ni el más emocionante, pero no puedo describir la sensación que me dio ver que Héctor, cuando acabamos, se quedó a mi lado, abrazándome. Yo pensé que una vez terminara se vestiría y se iría. En mi mente el sexo funcionaba así: acá te uso y acá te dejo. ¿Qué más podía esperar, si así me habían tratado toda la vida? Héctor me enseñó con infinita ternura que dos seres se pueden respetar entre sí y respetar sus cuerpos. Pero aún con tanto amor, tuvieron que pasar casi dos años hasta que aprendí a relajarme y a disfrutar tan siquiera un poquito en la cama. Bendito mi Héctor y bendita su paciencia.

Aquella noche, al regresar a la casa, mi mayor miedo ya no eran las caricias de mi novio. ¡Era que mi madre se enterara! Sólo con mirarme a los ojos era capaz de adivinarlo. Jenni, la agente especial del FBI. Por suerte nadie estaba despierto a esas horas y me fui derechito a dormir.

Los días pasaron, y aunque mi Momma ya se imaginaba que nos habíamos comido la torta antes del recreo, jamás se quejó. Tal era el cariño que le tenía a Héctor. Su instinto de madre le dejaba claro que su hija estaba en buenas manos.

Con Héctor el romance nos duró varios años, con los típicos *breaks* o separaciones que nos dábamos de vez en cuando. Es que estábamos muy chavos todavía. En una de esas me pidió matrimonio, y yo, joven y tonta, le dije que sí, aunque en el fondo no estaba preparada. De alguna forma me sentía obligada, por toda la paciencia y comprensión que me había dedicado. Y al final, no llegamos ni a ponerle fecha a la boda. Las promesas y los planes en común se rompieron cuando se nos acabó esa bendita paciencia y se nos acabó el amor.

Por esos años, la carrera de mi madre nos exigía a todos más y más compromiso, y llegó a un punto en el que sentí que tenía que elegir entre Héctor o mi madre y mis hermanos. ¡El tiempo no me alcanzaba para todos! Al final, Héctor no pudo esperarme más, ni yo tuve fuerzas de continuar, y la separación fue oficial.

—Un día tu madre te va a dar una patada en el culo y entonces verás lo que perdiste —me dijo Héctor dolido. Y no se equivocó porque la patada llegó, y dolió incluso más de lo que él predijo. Aun así no me arrepiento de las decisiones que tomé. Mi madre y mi familia siempre fueron y serán lo más importante para mí.

Y de esta manera quedó atrás el hombre que me enseñó a amar sin temor.

Pero falta por contar otro de mis amores durante esos años en la casa de Corona. Este fue un tanto especial.

En una de mis crisis con Héctor, justo en nuestro primer año de relación, nos dejamos de hablar durante bastantes meses, meses durante los cuales me dediqué a salir más con las amigas. Una de ellas se llamaba Karla y yo solía salir mucho con ella.

—¿Qué onda con Karla? —me disparó mi madre como siempre hacía, con mucha puntería y sin que la viera venir.

—Nada, Mom. Es sólo una amiga. Mi *best friend* ahora —le respondí súper nerviosa.

—Eso espero, mija, eso espero.

Uffff. Juro que mi madre tenía un sexto y hasta un séptimo sentido.

A Karla —la llamaremos así para evitarle disgustos del pasado—, la conocí a través de mi hermano Mikey. Era dos años menor que yo, pero infinitamente más inteligente e intelectual que el resto de mis amigas. Pero a mi madre no le gustó desde el día que la conoció. Se le hacía una *smart ass*, muy sabelotodo, y un tantito marimacha.

Con o sin las bendiciones de mi madre, comenzamos a enviarnos textos. Los textos dieron paso a largas llamadas. Y terminamos tardes y noches enteras platicando.

No sé en qué punto nos dimos cuenta de que la amistad estaba convirtiéndose en algo más profundo. Las dos nos sentimos muy confundidas. Ella jamás había besado a ninguna chava antes, ni yo tampoco… y de pronto nos besamos. Fue un beso bello, sincero, que nos dejó asustadas y emocionadas a la vez. Después de ese primer beso pasamos varios días sin vernos. Juro que estábamos apenadísimas.

Pero la necesidad de seguir hablando nos venció y terminamos juntas, pasando horas y días abrazadas en el sofá, viendo películas y buscando un cariño que no sabíamos dónde encontrarlo.

Lo cierto es que yo, en mi relación con Héctor en esos primeros meses, no había podido satisfacerlo sexualmente como él esperaba y se merecía. Ese fue el motivo de nuestra separación en esa ocasión. Yo seguía muy traumada, y sentí que este nuevo amor con Karla no me demandaba esa parte de cama para la que yo todavía no estaba preparada.

Jamás llegamos a convertir nuestro romance medio platónico en algo sexual. De los besos no pasamos y fuimos tan platónicas que nos fascinaba escribirnos cartas eternas, confesándonos nuestros más bellos sentimientos. Cartas que yo escondía en mi cuarto bajo miles de cajas y abrigos, pero que mi madre, la espía rusa, no tardó en encontrar en una de sus operaciones secretas por mi armario. Y nos jodimos: ahí mismito terminó nuestra historia de amor.

Mi madre, como era habitual en ella, planeó su estrategia y esperó el momento perfecto para confrontarme, justo una tarde en que nos quedamos solas en la casa.

—Te voy a preguntar otra vez, mija: ¿Qué onda con Karla? —me sorprendió mientras se maquillaba en su recámara—. Si continúas con ella, te quitaré todos los beneficios de los que disfrutas como hija mía. Si vives bajo mi techo, respetas mis reglas.

—Momma, no es justo —me quejé, pues ya era inútil ocultarlo—, tú tienes un montón de amigos *gays*, no me vengas a reclamar ahora.

—No los juzgo ni los condeno, pero en mi casa te digo que no. Tengo muchas amigas lesbianas y las adoro, pero las he visto sufrir mucho y no quiero esa vida para ti. No te quiero ver llorar. —Mi madre, tajante, terminó de ponerse brillo en los labios y le lanzó un beso al espejo. Se acabó la discusión.

Al día siguiente le dije a Karla que lo nuestro tenía que terminar. Ella se enojó, no entendió y me mandó a la chingada. Yo me quedé con el corazón destrozado, pero conocía bien a mi madre. Seguir viendo a Karla habría sido la guerra. ¡La Tercera Guerra

Mundial! Y después de todo, ni yo misma estaba segura de mis sentimientos. Era mejor dejarlo en una simple aventura.

Ahora Karla tiene un novio fantástico, y aunque no quedamos de súper amigas, ambas sabemos que lo que nos pasó a los diecinueve les sucede también a muchas otras chavas. Es parte de la adolescencia y de comenzar a descubrirse como persona. Ninguna de las dos nos arrepentimos ni avergonzamos; este episodio es parte de mi historia y, por supuesto, de la suya.

Después de Karla regresé con Héctor y nunca volví a sentirme atraída por otra mujer. Este mini-romance con ella me sirvió para aclararme que a mí me gustan los hombres. Es cierto que una mujer me hizo jugar a las casitas. Es cierto que crecí con la duda. Pero la duda se disipó.

Aunque este episodio jamás se le borró de la cabeza a mi madre y sería, en nuestros últimos días juntas, motivo de sospecha, de extraños celos y de nuestra pelea más brutal y definitiva.

10.

CÓMO JUZGAR UN CORAZÓN ROTO

El teléfono vibró junto a la cama tempranito ese sábado de abril de 2006.

Yo estaba en Las Vegas, donde siempre parecen sorprenderme las noticias más intensas.

—Mija —escuché la voz al otro lado de la línea. Era mi madre y sonaba muy seria—: sólo quiero que sepas que acaban de arrestar a tu padre.

Héctor, quien por entonces era mi prometido, vio mi cara cuando colgué. Inmediatamente me abrazó. Era obvio que otro gran calvario se nos avecinaba a mi familia y a mí. A mis casi veintiún años iba a revivir lo que había dejado enterrado desde los doce.

Esa misma noche, de regreso en Los Ángeles, mi madre me contó todo: de cómo lo habían visto varias veces en el último año, una de ellas manejando por la carretera 405, y de cómo mi tío Lupe lo había perseguido pero se le había escapado. La siguiente fue mi tía Rosie. Se lo topó en un NORMS de Lakewood. Rosie se quedó tiesa del miedo. Él se peló del restaurante en cuanto la vio. Sabían que andaba cerca y no era más que cuestión de tiempo.

Esto animó a mi madre y pensó que era hora de usar su bien ganada fama como La Diva de la Banda para saldar esa cuenta pendiente con la justicia. Ese año, mi madre disfrutaba ya de éxito internacional y miles la seguían desde acá hasta México. No sería difícil poner a su ejército de fans en alerta.

Con el permiso de Rosie y el mío (aunque yo accedí de muy mala gana), reveló en una entrevista de radio que su ex pareja, José Trinidad Marín, era prófugo de la ley por haber abusado de nosotras. Pidió a quien lo viera que lo entregara a las autoridades. ¡El relajo que se formó en los medios fue del tamaño del miedo! ¡El ex de Jenni Rivera, un PEDERASTA!

A los pocos días, en medio de otra entrevista, un hombre llamó y le dijo a mi madre:

—Soy parte de una agencia del gobierno estadounidense y me pongo a sus órdenes. Lo vamos a encontrar. Le juro que lo vamos a encontrar.

Nadie se dignó a decirme que, tras esta llamada, mi madre y mis tíos habían aceptado la ayuda nada más y nada menos que del FBI. Me mantuvieron totalmente al margen.

El misterioso agente logró dar con pistas claves a través de la llamada de otra fan, y pronto obtuvo una dirección.

Esa mañana temprano, Trino salió a regar la yarda en la casa en cuestión, sin saber que ya lo tenían vigilado. Iba muy arregladito, como era su costumbre, y allí mismo le cayeron y lo esposaron, sin armar mucho escándalo. Lo más loco es que estaba viviendo a tres salidas de la misma carretera que conducía a nuestra nueva casa de Corona, en el mismo condado de Riverside. ¡Éramos prácticamente vecinos! ¡Y nosotros que nos lo imaginábamos en otro estado o escondido en México!

Llevaba dos años ahí, trabajando y viviendo bajo el nombre de uno de sus hermanos. La vida lo había tratado bien. Era dueño de varios apartamentos y tenía una hija con Dora, la misma novia fiel que nosotros ya conocíamos.

—Ahora pagará por todo lo que nos hizo. —Fueron las únicas palabras que Mikey me dijo en cuanto me vio llegar esa noche de Las Vegas.

—¿Y a mí por qué diablos nadie me contó nada? ¿Qué onda con esta familia? ¿Acaso no es mi padre? —les grité a todos.

Estaba enfurecida y me sentía muy traicionada.

Jacqie se quedó callada. Ella era muy chiquita cuando el abuso sucedió y jamás dejó de amar a nuestro padre, o mejor dicho, de necesitarlo. Al igual que yo, no se atrevía a contarle a nadie que todavía lo queríamos a nuestra manera. Éramos, claramente, las únicas dos que no se alegraban de su arresto. ¿Nos verían como unos monstruos por pensar y sentirnos así? Sólo Jacqie me comprendía. No necesitábamos ni siquiera hablarlo. Bastaron las puras miradas para decirnos lo mucho que nos dolía. Y es que el amor y el odio son así de extraños. No tienen mucho sentido, y menos en nuestras cabecitas todavía de niñas.

En la cabeza de Rosie estaba todo muy claro: era su momento de reclamar justicia. Rosie había presenciado esa mañana el arresto desde una camioneta con vidrios oscuros, acompañada del agente del FBI. Lo vio todo muerta del miedo, y también apenada por la hija de mi padre que se había quedado llorando desconsolada. Al final, el agente le obsequió a Rosie las esposas que usaron en su captura, y ella decidió guardarlas. Eso me molestó. ¡Extraño trofeo! ¿Por qué querría quedarse con ese recuerdo tan oscuro en un cajón de la casa? Lo peor es que terminó regalándoselas a mi madre meses después, y ese morboso recuerdo acabó en mi propia casa, quién sabe dónde.

"Esas esposas se las ponen ustedes en el alma al guardarlas", pensé, pero no me atreví a reprocharles. Yo, más que nadie, sabía cuánto había sufrido Rosie. Yo fui testigo silenciosa de la transformación de mi tía en una adolescente amargada, triste y recluida; todo por ese hombre que me dio la vida y que después nos la destruyó a las dos.

Al día siguiente, con el anuncio del arresto del ex de Jenni Rivera en todos los noticieros, pasé a ser la víctima de abuso sexual más famosa del momento. Mi cara y mi nombre aparecieron en todas las portadas junto a la foto del fichaje policial de mi padre.

—¿Por qué nos hiciste esto? ¡No me digas que lo hiciste por publicidad para tu carrera! —le grité a mi madre mientras leía los horribles titulares en internet.

—¿Cómo te atreves a pensar así? Lo que busco es justicia. Ese cerdo tiene que pagar. Y no permitiré que toque a otra niña. ¡Justicia, mija! —me repetía. Sus ojos echaban chispas de loba herida y los míos lágrimas de hija perdida.

—Pero, Momma, ¿tenemos que pasar necesariamente por todo esto? Ya hace más de diez años. Dad ya tiene otra hija, que va a sufrir como nosotras. Podríamos dejarlo ir. —Nadie parecía comprender que mi corazón estaba dividido: era el agresor, sí, ¡pero también era mi padre!

—No, Chiquis. A este punto ya no está en mis manos. No hay marcha atrás. Es la ley.

A las pocas horas, y mientras el escándalo crecía y los paparazzi nos correteaban, mi abuelita Rosa, con sus abrazos y sus oraciones, se encargó de hacerme entender las cosas:

—No juzgues a tu madre. Tienes que aceptar la justicia de Dios. Haz esto por las tres: por Jenni, por Rosie y por ti también. Acá todas sufren parejo.

OK. Acepté mi suerte. Iríamos a juicio. Mi abuelita tenía toda la razón del mundo. En mi propio dolor se me olvidaba que yo no era la única en este barco. Dios cuidaría de nosotras y cuidaría de mi padre también.

A los tres días nos citaron para la lectura de cargos en los juzgados de la ciudad de Long Beach.

—Chiquis —me susurró Rosie en el oído nada más llegar al estacionamiento—, quiero que nos pida perdón públicamente. A ti también, *baby*. Nos lo merecemos las dos.

Le di un abrazo y subimos de la mano esas frías escaleras al segundo piso. El circo iba a dar comienzo con un martillazo del juez.

Mi padre entró en la sala con el traje naranja de los presos del condado, rodeado de guardias, y lo sentaron cerca de su familia y amigos. En el otro lado de las bancas los Rivera, enfurecidos, esperaban como tigres enjaulados.

Me dio pánico mirarle a la cara. Se veía muy bien, serio, relajado, delante de su esposa y su hija. De pronto, así, de la nada, pensé: "¿Nos habrá extrañado? En todo este tiempo, ¿le habremos hecho falta?".

Ese día la sesión duró apenas una hora y terminó en relativa calma tras la lectura de nueve cargos contra el acusado (entre ellos, violación a un menor, asalto con agravantes y abuso sexual continuado a un infante). Era más o menos lo que los abogados nos habían dicho que sucedería. Mi padre tampoco pareció sorprenderse de esa larga lista de delitos. Permanecía impasible y no volteó a mirarnos ni una sola vez, ni siquiera cuando se lo llevaban esposado por otra puerta.

El juicio en sí comenzó cuatro meses más tarde, en el verano de 2006, y se prolongaría por más de diez meses. Durante ese tiempo me convertí en el ser más odiado del planeta para la familia de mi padre, que me miraba con tanto desprecio y asco que me quedaba paralizada. Juro que no sentía ni las piernas cada vez que los veía.

El proceso legal también comenzó a afectar la relación entre Rosie y yo. En lugar de unirnos más, como creí que sucedería, comenzó a distanciarnos. Su sed de justicia era obsesiva, y yo no podía odiar a mi padre por más que me lo propusiera o por más que ella me lo pidiera. Además ese año, mi tía ya andaba metida de lleno en la Iglesia de mi tío Pete y había decidido entregar su corazón a Cristo. ¿Por qué no ponía en práctica algo de esas enseñanzas de misericordia o de piedad?, me preguntaba.

Estaba más que claro que yo intentaba ponerme en su lugar, pero ella no se esforzaba por caminar en mis zapatos de hija dividida y confundida. Ni modo. El *show* debía continuar. Ya se había alzado el telón.

Pronto iniciaron las deposiciones. Rosie y yo nunca compartimos ni el más mínimo detalle durante nuestra infancia y nuestra adolescencia de los abusos a manos del mismo hombre; la vergüenza nos lo impedía. Durante el juicio tampoco nos escuchamos la una a la otra. Cuando ella daba su testimonio a mí me sacaban de la sala. Cuando me tocaba a mí, ella esperaba turno afuera. Así lo exige la ley. A Rosie la llamaron primero.

"¿Estoy enferma? ¡Tal vez me inventé todo esto en mi cabeza y nunca sucedió! Al fin y al cabo, ¡Trino era un buen papá!". Estos pensamientos me traían loca mientras esperaba mi turno, sola, en el pasillo. Sentía una espesa niebla en mi cerebro que me impedía acordarme de nada. Me quedé completamente en blanco.

A la media hora me hicieron entrar. Me senté junto a Rosie en un lateral. Ahora era mi padre el que ocupaba el banquillo. De pronto, los nubarrones de mi cabeza desaparecieron cuando escuché su voz después de tantos años y lo escuché acusarme de mentirosa. Lo repitió tres veces: Chiquis miente, miente, miente. Del puro coraje y del puro *shock*, todo regresó claritito a mi mente. Detalle a detalle. Sus caricias, sus manipulaciones, sus mentiras y hasta el azul de aquellas literas metálicas que me mortificaban. Y entre todas esas imágenes que me bombardeaban, una en especial me sorprendió: me vi en el jardín de mis abuelos en Gale Avenue. La imagen era tan clara que me dio escalofríos. Yo no tenía más de tres añitos. Llevaba un vestido rosa. ¡Claro que tuve un vestidito así! Mi padre me sentaba sobre sus piernas y me acariciaba por debajo del vestido. Sólo recuerdo unos segundos de caricias y luego me dejaba ir. ¿Cómo era posible que jamás hubiera recordado esa escena hasta este día sentada en la corte? Eso significaba que aquel día de playa no había sido la primera vez. Había habido intentos antes, y quién sabe por qué me dejaba ir. Oh, no, yo no estaba loca ni me estaba inventando nada. Ese vestidito me lo confirmó. Todo había sido real, y me iban a escuchar.

En menos de una hora me tocó pasar al estrado. Subí muy valiente, pero el llanto me ganó nada más sentarme en esa horrible silla. Tuve que pedir al juez unos minutos para calmarme. Una vez logré calmarme, y frente al abogado de la defensa, fijé la vista en el suelo. Poco a poco, me atreví a mirar a los ojos primero a mi familia, y por último a mi padre. Él me miraba fijamente, con tristeza infinita. Con sus labios pronunció en silencio un *I love you*, muy despacito, dirigido a mí.

Jacqie también lo vio y las dos comenzamos a sollozar. Una vez más, el hombre jugaba con nuestros sentimientos más tiernos y nos intentaba manipular. ¡Y cómo dolía! Todo se me volvió a borrar. ¿Me querría todavía? Miles de imágenes y sentimientos se me agolpaban en la cabeza y sólo quería salir corriendo y huir muy lejos de ese horrible salón gris.

Primero su abogado sacó el reporte policial de 1997. Yo, todavía bloqueada por el miedo de ese *I love you*, no podía recordar qué rayos les había dicho en aquel entonces. Mis respuestas eran un verdadero desastre.

En uno de los descansos, mi madre me agarró ambas manos, me las besó y me dijo:

—Mija, con tus palabras vas a poder ayudar a tantas otras muchachitas que están sufriendo como tú. Tú puedes ser su voz. Podrás ayudarlas con tu historia. Sé fuerte, Chiquis. Estoy contigo.

Con sus palabras muy presentes, regresé a esa silla y ¡*boom!* Todo me regresó a la cabeza como si fuera ayer. Comencé a responder hasta las preguntas más cabronas, sin titubear. Ni la vergüenza de que mis abuelitos, mis hermanitos e incluso Héctor, estuvieran presentes, me detuvo. A veces me obligaban a mencionar detalles como pene o vagina, y cosas tan asquerosas que me sonrojaba. Pero no me iba a achicopalar. Le demostraría al mundo que yo no era una mentirosa.

Con el único que me daba tremenda pena era con mi tío Juan. Yo era su niña adorada. Él era mi héroe, mi hermano mayor. Si a mí me dolía contarlo, imagínense lo que era para él escucharlo en ese salón, viéndole la cara a mi padre que lo negaba todo agitando la cabeza.

Estas sesiones en corte se me hicieron interminables. Días enteros escuchando a abogados, códigos, reglas y evidencias tan grotescas como la que reveló el examen médico que le realizó la policía a Jacqie en el 97. Según esas páginas, ella también había sido abusada cuando tenía dos años, pero, lógicamente, no recordaba nada. ¡Tantos otros detalles que me gustaría no haber oído jamás!

Llegado octubre, alguien le pagó a mi padre la fianza de un millón de dólares que impuso el juez. Dicen que, ironías de la vida, fue un familiar de los Marín que se llamaba igual que mi tío del alma, Juan Rivera.

Esa tarde mi padre llegó por su propio pie, libre, con su familia, vestido de traje y corbata. Se le veía altanero y con más aplomo. Hasta se atrevió a mirarnos directamente.

Al concluir la sesión, ambas familias salieron a la vez por la misma puerta con los ánimos caldeados. "¿Cómo lo dejaron salir del bote, aunque sea bajo fianza?", protestaban los Rivera, indignadísimos. Y como era de esperarse, los tigres se agarraron a zarpazos ahí mismito.

Mikey fue el primero en acercase a mi padre en el pasillo y darle tremendo sape en la cabeza porque, según él, Trino había mirado a mi tío Lupe con sonrisa muy mamona y no se pudo controlar. De repente madrazos, puñetazos, mordiscos y patadas volaron en todas direcciones. ¡Era guerra sin cuartel entre ambas familias! En pleno relajo mi padre mantenía esa sonrisita irónica, mientras escuchaba a mi madre que le gritaba enloquecida:

—¡Hijo de puta, vas a pagar por todo, hijo de puta!

Gracias a Dios, mi tío Juan no estaba presente ese día. Cuando Juan pega, pega entradísimo, y más de uno habría terminado en el hospital. Un puñetazo de mi tío Juan no se lo deseo ni a mi peor enemigo.

—¡Defiende a tu papá, no seas mentirosa! No es justo que le hagas esto a tu papá, no mientas Chiquis —mi tía Soco, hermana de mi padre, me gritaba sin cesar—. ¡Es tu mamá la que te puso todo esto en la cabeza! ¡Ella es la mentirosa!

¡Ah, no! ¿Mi madre mentirosa? Ahí perdí los estribos. La agarré de las greñas y la zarandeé hasta que cayó de rodillas.

—¡Déjame en paz! —le respondí tragándome las lágrimas—. No vuelvas a llamarme mentirosa, y mucho menos a mi madre. Tú no sabes nada. ¡Nada! ¿Me oíste bien? ¡Cállate!

En esas llegaron cinco policías y nos separaron. Tuvieron que escoltar a los Marín por una puerta y a los Rivera por otra. Nos advirtieron que si repetíamos otro pleito así, el juez nos arrestaría a todos. Las dos familias nos fuimos a casa ese día con las cabezas y los corazones moreteados y adoloridos. Muy adoloridos.

Tras meses de angustia llegó el momento del veredicto, en abril de 2007. Mi testimonio, según nuestros abogados, fue decisivo. El de mi tía Rosie no resultó tan contundente. Cuando los médicos forenses la examinaron en el 97, ella ya tenía dieciséis y había mantenido relaciones con su novio. Mis evidencias físicas eran mucho más obvias, pues yo sólo contaba con doce añitos. Fue relativamente fácil achacar a mi padre las marcas físicas que hallaron en mi cuerpo. Las del alma, no hay jurado que las mida.

El juez, entre montañas de documentos, nos llamó para dar los argumentos finales. Rosie se levantó primero y tras describirle a mi padre el irreparable dolor que le había causado, terminó su discurso con estas palabras que jamás olvidaré:

—Crecí sin poder mirar a mi sobrina a la cara, por mi sentimiento de culpabilidad. Culpa de no denunciarte cuando me lo hiciste a mí y así nunca hubieras llegado a hacerle daño a ella.

Sentí una paz inmensa. Rosie y yo no estábamos tan alejadas como yo pensaba en aquella época. Fuera cual fuera el resultado de ese juicio, íbamos a seguir unidas. Ese circo penoso ya tocaba a su fin, y era hora de perdonar y de olvidar, y de ofrecer también mis palabras, así que me puse de pie:

—Papá, si nos hubieras dicho que lo sentías, jamás habríamos llegado a esto. No hubiéramos necesitado ir a juicio. Yo sólo quería que nos pidieras perdón, y escucharte decir que todavía me quieres y que no soy una mentirosa.

Él me devolvió la más terrible de las miradas. Su odio era infinito.

"*Wow*, te van a dar lo que te mereces", pensé mientras me volvía a sentar.

Un miembro del jurado se levantó y dio lectura al esperado veredicto, que retumbó en toda la sala: José Trinidad Marín, culpable de tres cargos de actos lascivos con un menor, tres de copulación oral con menor, uno de asalto con agravantes y uno de asalto sexual continuado a un menor. En total, culpable de ocho de los nueve que le presentaron inicialmente. Dos semanas después, lo sentenciarían a treintaiún años de prisión sin opción a libertad condicional ni a reducción de condena.

Algunos gritos de alivio estallaron en nuestra mitad de la sala. En el lado de los Marín todo era llantos. Los guardias de la corte se llevaron a mi padre esposado de nuevo.

A la salida, una docena de policías formaba una barrera para separar a ambas familias. Esta vez no hubo golpes. Los periodistas me disparaban millones de fotos. "Fantástico —pensé abrumada—. Ahora hasta las piedras saben que fui abusada. Si las cosas no salen bien con Héctor, mi primer y único novio hasta ahora, ningún otro hombre me aceptará jamás".

Durante los días siguientes, sentí que la vergüenza me devoraba. No quería salir ni a un restaurante. No deseaba ver a nadie. Sentía que todos me miraban con ojos de "pobre Chiquis... mira lo que le pasó a Chiquis". Ese halo de víctima me rete jodía.

Hasta que una tarde, semanas después, mi madre, que ya no sabía cómo sacarme de mi depresión, me pidió que la acompañara a la promoción de uno de sus conciertos.

—Mi *princess*, vamos a que te distraigas un poquito. Te sentará bien salir de la casa y cambiar de aires —me dijo con esa cara de "todo va a estar bien" que siempre me sacaba de apuros. Y mi madre, una vez más, acertó, pues nada más llegar al lugar, los fans se me abalanzaron y de la nada me comenzaron a abrazar. Decenas de madres, de mujeres mayores y de chavitas. Al principio me sentí súper incómoda y muy tensa, pero pronto el calor de tanta gente bella comenzó a reconfortarme. Esa noche comenzaron también a llegarme cientos de *e-mails* de todas partes del mundo. ¡No podía creerlo! En los meses siguientes recibí hasta cartas en el correo de diferentes países donde mi madre ya era conocida. En su mayoría eran de chicas más jovencitas que yo. Algunas menores de edad. Sus historias eran idénticas a la mía. Sus miedos eran idénticos a los míos.

"¡Estas son las niñas de las que hablaba mi mamá!", pensé. De repente mi historia ya no me dolía ni me dolía que el mundo la supiera. ¡Cuánta razón tuvo mi madre cuando me dio ánimos durante el juicio para que no me rajara! Tal como ella predijo, mi voz se estaba convirtiendo en la voz de las que no podían hablar, gritar o denunciar.

De todas las cartas que recibí, recuerdo una en especial en la que la muchachita escribía: *Mi mamá no me cree.* Qué cosa más horrible. Al menos mi madre me creyó desde el primer momento. Mi madre, la arrebatada, la que a veces la regaba y que tenía la santa manía de contarlo todo a los cuatro vientos, jamás dudó de mí. Ni un instante.

—Soy muy afortunada —le dije a mi fiel amiga Dayanna, que nunca se alejó de mi lado en esos meses tan angustiosos—, no soy víctima de nadie. Cuento con el amor incondicional de mi madre.

—Mi querida amiga, además cuentas con el amor de miles de mujeres que también te creen. Se acabó Chiquis la mentirosa —me respondió Dayanna con una enorme sonrisa.

Al poco tiempo acepté la primera exclusiva en televisión nacional para hablar del abuso. Charytín me entrevistaría para el canal Univision. Yo ya no me iba a esconder. ¡A la chingada!

Charytín demostró ser, como siempre, una excelente comunicadora y todavía mejor persona. Cada pregunta que me hizo fue con compasión y respeto. Y con su respeto y el de la audiencia, cumplí esa semana mis veintiún años. Ya era oficialmente una mujer adulta.

Por esos días, con los aires más calmados y al tratarse de una fecha tan especial para mí, solicité ver a mi padre. Era momento de hablar a solas y de decirnos lo que no nos dijimos en la corte. Él, ya encerrado en la cárcel del condado de Long Beach, negó mi petición de visita. Su respuesta fue que Mikey o Jacqie podían verlo, pero yo no.

Hicimos una de nuestras votaciones en casa: ¿ir o no ir? Jenni y Mikey estuvieron de acuerdo: sin Chiquis nadie iría. O veía a todos sus hijos o a ninguno. A mi pobre Jacqie le costó más decidir.

—Está bien, no iremos —aceptó resignada—, pero yo lo quiero ver algún día...

Las palabras de Jacqie dejaron a mi madre destrozada esa noche. La loba herida, protegiendo a sus cachorros, no comprendía.

—¿Cómo pueden querer a ese hombre? ¡Están locas! ¿Por qué tienen todavía sentimientos por un ser que no siente nada?

Con el paso del tiempo mi madre nos llegó a entender: ese hombre, con su crímenes e imperfecciones, para Jacqie y para mí, siempre sería nuestro padre y no podíamos odiar la sangre de nuestra sangre. Las dos tenemos corazón de sobra para poder seguir amando por encima de pecados y tragedias. ¡Es lo que ella misma nos había enseñado desde chiquitas! Porque a Jenni también le sobraba compasión.

—OK, niños, dejen que pase un tiempito y les prometo que yo misma los llevaré para que lo vean —nos dijo finalmente mi madre—. Lo verán, aunque sea tras unas rejas. Pero sólo con esa condición: o todos o ninguno.

Esta loba, después de todo, era una loba de gran corazón.

Yo, por mi parte, no me daba por vencida. Así de terca soy. Si mi padre no quería verme, al menos me leería. Me urgía explicarle que lo seguía queriendo, que yo ya lo había perdonado, pero que hice lo correcto declarando en su contra.

A la tercera carta escrita de mi puño y letra que me devolvieron sin abrir, desistí. Tal vez la loba herida tenía razón, después de todo.

11.

DE RODILLAS ANTE DIOS

En pleno juicio de mi padre, con las heridas del pasado abiertas en carne viva, sucedió un pequeño episodio que jamás le he contado a nadie. Es otra lección del poder del perdón en mi vida y en la vida de los que amo. Es la belleza que nace de las entrañas de lo más feo y retorcido.

Aquella mujer que me incitó a jugar a las casitas diez años atrás me llamó.

—Tenemos que hablar. —Su voz sonaba nerviosa pero decidida.

—¿De qué? —le contesté confundida. En esos días estaban sucediendo tantas cosas que yo andaba mareada.

—De lo más importante.

Se me heló el corazón. Inmediatamente supe a qué se refería: a nuestro secreto. El mundo ya conocía el de mi padre, pero si alguien se enteraba de este otro abuso que sufrí, me habría muerto. No sé por qué exactamente, pero este secreto se me hacía más sucio y vergonzoso.

Acepté verla y la mujer llegó a nuestra casa en menos de una hora. No había nadie a esas horas. Mis hermanos estaban en la escuela y mi madre estaba en el estudio grabando nuevos temas.

Nada más entrar se hincó de rodillas frente a mí.

—Perdóname. Te pido e imploro tu perdón —dijo entre sollozos. Sus lágrimas eran gigantescas y genuinas. El llanto le nacía de tan adentro que puedo jurar que pocas veces he visto a alguien tan roto.

"Gracias, Diosito —pensé aliviada—, no lo imaginé. No lo soñé... esto también me sucedió y no estoy loca".

—¡Perdóname, perdóname, perdóname! —La mujer no se detenía ni para tomar aliento, con su rostro arrugado y desencajado—. Todos estos años viví con este pesar. No puedo más. Necesito tu perdón.

Yo no lloré; al contrario. Me sentía sumamente relajada. En ese instante me di cuenta de algo que sabía pero que jamás me había planteado: ¡ya la había perdonado hacía siglos! No le guardaba ni el más mínimo rencor. Y tan sólo el hecho de tenerla frente a mí, aceptando su error, me validaba. Lástima que la historia con mi padre no terminó del mismo modo: en privado y con el arrepentimiento más digno.

Me arrodillé junto a ella y la abracé. Mi abrazo fue genuino y lleno de amor, pero sin drama alguno.

—Ya te perdoné hace muchos años. Puedes irte tranquila. No sé cómo, pero te perdoné, igual que perdoné a mi padre.

Su llanto comenzó a calmarse. Se puso de pie, se arregló el cabello y me miró a los ojos con la paz que sólo el perdón regala. Me dio un último abrazo rapidito, agarró su bolsa y se fue.

Así de corto fue este momento. No se habló ni una palabra más. Ya estuvo. Perdón, perdonada. Y pasamos página para siempre.

Hay algunos secretos que deben quedarse así, sin ser juzgados por el hombre. Este fue uno de ésos. Aquella mañana lo dejamos todo en las manos de Dios. El castigo fue el remordimiento y el arrepentimiento más profundo, ese que todavía no alcanzo a ver en los ojos de mi padre a casi dos décadas de sus atrocidades. La sentencia divina fue el perdón.

Confieso que Dios me dio una capacidad inmensa de perdonar. El perdón me da alas, me hace sentir calor en mi corazón y me permite amar a los que tengo que amar. Quien me conoce lo sabe: no soy rencorosa. Ni modo. Nací así. O tal vez aprendí solita a perdonar para sobrevivir.

Sin embargo, el perdón más difícil en mi vida estaba todavía por llegar. Mi lección más complicada sobre el arte de perdonar quedaba pendiente.

12.

PATAS FRÍAS, CORAZÓN CALIENTE

—Ay Dios. Mis hijos condenados a visitar a sus padres entre rejas. No es justo. No es justo —se martilleaba mi madre en la cabeza una y otra vez.

A cuatro meses de dejar a mi padre en el bote, metieron preso a mi padrastro Juan. Nadie puede acusar a mi madre de exagerar para vender discos. El drama, lo juro, nos ha perseguido sin tregua. Cada tantos años en mi casa no llueve, ¡diluvia!

—¡Maldito Juan! —gritaba. Mi madre se emputó de verdad. Hacía poco que habían logrado firmar el divorcio, después de tres años de separación y peleas, y apenitas volvían a ser amigos y a llevársela bien. ¡Y ahora esto!

Mi madre era toda una celebridad ya establecida, que llenaba el teatro Nokia y el Gibson, lugares legendarios en Los Ángeles. Y ahora todos los padres de sus hijos estaban en la cárcel. Uno por abusar de menores y el otro porque lo cacharon cruzando la frontera con marihuana.

—¡Qué necesidad tenía de andarse con chingaderas! —Mi

madre estaba fuera de sí. Durante el tiempo que se prolongó el divorcio, le pasó a Juan cinco mil dólares mensuales de manutención. Por lo visto mi padrastro aspiraba a más. Con lo buena gente que era, ¡ay, pero cómo se metía en líos él solito! Le cayeron diez años, que el destino no le dejaría completar.

Y a mi madre y a mí el destino también nos tenía algunas guardadas. En Corona, nuestra etapa de súper comadres comenzó a complicarse.

Recuerdo una noche en la que tenía un concierto en Los Ángeles y Johnny me pidió que lo llevara. Esa noche me vestí con unos *jeans* y un *blazer* que mostraba un poco mi escote. El *show* fue, como todas sus actuaciones, intenso y apasionado. "Sólo mi Momma puede con tantas emociones", pensé aplaudiendo desde la primera fila. Jenni ya se había convertido en La Diva, dueña y señora de los escenarios.

Al terminar el concierto, nos acercamos a los camerinos para felicitarla y para que Johnny le diera un abrazo.

Encontramos a mi madre cambiada de ropa y rodeada de su mánager y sus asistentes. Ni siquiera le prestó atención a Johnny. Caminó directo hacia mí con pasos largos, y mirándome fijamente a los ojos me dijo muy despacio:

—Tú no eres la estrella acá. Soy yo.

Me miró el escote con desaprobación, giró sobre sus talones y desapareció en una nube de fans que la esperaban para tomarse fotos.

La separación de Juan y esos romances con Ferny desde luego que la habían destrampado. Aunque a ratos era divertido tener una madre joven y loca, a veces, como esa noche, dolía.

—Mom está muy ocupada —le dije a Johnny—. Vamos. Ya la verás mañana.

Los dos salimos agarrados de la mano, sorteando a los otros

cientos de fans que intentaban colarse para verla, y de ahí nos fuimos derechito a la casa.

A la mañana siguiente desperté preguntándome: "¿Será que mi madre me tiene celos porque somos muy iguales o será que yo le tengo celos a ella?". Recapacité: no, yo jamás sentí celos de su carrera ni celos porque fuéramos tan cercanas en edad. Yo no sentía que compitiéramos en la misma liga. Mis celos con mi madre eran sólo por su atención. Confieso que desde chiquita sufrí de esos celos tontos. Yo quería a mi madre toditita para mí y no rodeada de docenas de personas que a veces ni conocíamos. Yo quería a mi amiga, a mi hermana, a mi Momma en casa y conforme la fama crecía, la veíamos menos y menos.

Cuidadito con lo que deseas, te advierten siempre. Yo deseé con toda mi alma que mi madre triunfara, y a veces pienso si no hubiera sido mejor haber crecido como la hija de una vendedora de casas.

Lo único cierto es que su éxito ya era imparable. No había marcha atrás, y no siempre resultaba fácil ser la hija de Jenni, ni resultaba fácil ser la madre de Chiquis. Porque yo tampoco era una santa. Confieso que mi afición a las compras se pasaba de la raya, y eso disgustaba a mi madre, a quien tanto le costaba ganar cada dólar. Mi Momma siempre fue la ahorradora y yo la gastalona. Ella jamás fue coda. Al contrario, era súper generosa con nosotros, mis tíos y mis abuelos, e incluso con sus amigos. Era yo la que me pasaba un poquito.

El dinero en la bolsa me quemaba, y era feliz, igual que mi abuelita, paseando por toda tienda que encontrara. Muchas de esas compras tontas las hice con las tarjetas de la compañía, Jenni Rivera Enterprises, y eso me metió en algún que otro lío.

Como persona a cargo de la casa, yo pagaba las facturas y los impuestos, y siempre me aseguraba de que quedaran cantidades en todas las cuentas. Para los balances y las responsabilidades yo era muy cuidadosa. Pero con lo que sobraba: ¡*party!* Mi madre, cada vez que se enteraba, se ponía enferma.

Pero mi pasión por el shopping no era el único problema. Con el dinero llegaron también los moscos y moscones, que comenzaron a pulular por la casa, al olor de los millones.

Esos moscos los veo revoloteando alrededor de todo famoso y yo, personalmente, me cuido mucho de ellos. Son personas de toda clase que se sienten atraídas por el poder y la fama, y se la pasan haciéndole la barba al famoso a niveles obsesivos. Para sentirse importantes e incluso hacerse indispensables, comienzan a pasar chismes, a veces ciertos, a veces inventados, con tal de ganarse unos puntos ante su ídolo. ¡Es enfermizo!

Esas voces tóxicas comenzaron a aparecer allá por la casa de Corona: amigos, empleados y algún que otro familiar que sólo venía a besarle el trasero a la Gran Diva. Aunque sería un par de años después, en la nueva casa de Encino, cuando esos moscos lograrían meter mucha más cizaña y amargarle a mi madre sus últimos días en este mundo. Fueron de lo peor que nos pudo pasar.

Pero mientras tanto, el circo de Corona crecía. Rostros nuevos nos visitaban cada día, nuevas amistades que a veces no eran de mi agrado. Y todo eso, con las peleas entre madre e hija como música de fondo.

Y es que yo era tan dura con ella como ella lo era conmigo. Así somos las madres y las hijas: de tanto desear lo mejor la una para la otra, nos convertimos en las criticonas más despiadadas del mundo.

"Ese vestido no te queda, ese videoclip no es *cool*... no digas esas cosas, que no te ves bien...". Yo la martilleaba sin descanso. Quería que el mundo conociera a la mujer que yo conocía: la mamá de corazón de oro, dulce, pícara, a aquella estudiante con honores, a la mujer emprendedora. Pero mi madre se las arreglaba para que todo lo que saliera en los medios fuera sobre esa otra Jenni peleonera, atrevida y rebelde.

Una tarde de sábado, en una carne asada en la casa, una amiga de mi madre hizo un chistecito:

—Cuidado, no le avienten chelas a Jenni, que capaz que nos parte la madre.

Todos estallaron en risas.

Justo en esos días, mi madre había protagonizado titulares en todas las revistas por golpear con el micrófono a uno de sus fans, quien le había aventado una cerveza mientras actuaba en Carolina del Norte.

Y allí estaba el circo de la gran diva, con todos los payasos riéndole la gracia. Qué pocos huevos tenían para decirle la verdad: ¡que jamás hay que atacar a un fan! ¡Jamás!

Yo permanecí seria, y mi madre se dio cuenta. Me miró de reojo pero no me reclamó nada. Sabía cuál iba a ser mi opinión antes de que abriera la boca. Pero aun así, la abrí:

—Momma, eres una figura pública. Lo siento, pero tienes que aprender a poner la otra mejilla en situaciones así y a no ser tú la que ataca.

—*Sorry*, mija —me enfrentó rápidamente—, eso es algo que no he aprendido a hacer todavía. Y hasta que no aprenda, haré lo único que me enseñaron desde chiquita: a defenderme aunque sea a madrazos.

Mi comentario la sacó de onda y cuando todos se fueron, me esperó en la cocina.

—Chiquis, junto a ti no puedo ser yo misma. ¡Eres mi peor crítico!—me dijo con rabia en la voz—. ¡Tú te crees tan perfecta! Déjame ser quien soy, ¡no soy como tú!

—No, Momma. Tú eres la que me regaña por todo. Tú eres la que me critica bien duro.

La pelea quedó en tablas. Las dos creíamos tener la razón. ¡Y la teníamos! Porque mi madre también era mi más dura juez. Podía arruinarme el día con sólo dispararme un mal comentario: "Subiste de peso... siempre haces mal esto... esa amiga te está viendo la cara... con ese vestido te ves ridícula...". Tanto me importaba su opinión que sin su aceptación no podía vivir. Al parecer, ella sin la mía tampoco.

Esa noche nos fuimos a la cama disgustadas.

Justo por aquel entonces, explotó el escándalo del video sexual: algún pendejo subió a internet un video de mi Momma en pleno acto con uno de sus músicos con el que estuvo saliendo unos meses. Estábamos a finales de 2008, mi madre ya había roto con Ferny y otra vez andaba metiéndose en problemas.

Esta vez no la regañé. No la ataqué ni le dije absolutamente nada. Esa noche llegó a casa derrotada, avergonzada.

No se trató de un truco publicitario, como muchos llegaron a pensar, porque justo ese mes su disco de grandes éxitos, *Jenni*, saltó al número uno en *Billboard*. La verdad es que mi madre quería morirse de la vergüenza. El tipo compartió esas imágenes sin permiso y juro por Dios que pocas veces la vi tan agüitada.

—Todo va a estar bien —la animé con un fuerte abrazo—. *Don't worry*, Momma. —Esta vez me tocaba a mí dedicarle a ella su famoso *"don't worry*, mija" que tanta fuerza nos dio a todos en los peores momentos.

Claro que durante este escándalo supo poner su mejor cara, enfrentar el latigazo con la frente en alto e incluso hacer un par de chistes en los medios para quitarle hierro al asunto. Pero la verdad es que Jenni la madre, y Jenni la mujer, estaba que se moría. Yo también. Sobra decir que jamás vi ese estúpido video.

Y por suerte para todos, pronto llegó la Navidad y Santa nos regaló la solución a tanto despapaye: Esteban Loaiza.

"Este tipo es un mamón presumido", fue mi primera impresión de Esteban.

El día en que lo conocimos hacía frío y ya era de noche. Mi madre esperaba nerviosa y toda arreglada con un vestido negro precioso para su cita.

—Es un jugador de béisbol famoso, muy atractivo. Me invitó a cenar —nos dijo emocionada.

Yo misma abrí el portón automático y salí a recibirlo. Quería ser la primerita en checar al tipo. Una pinche Escalade negra, con rines negros y todo negro, entró despacito y de ella salió un hombre alto y delgado, con un anillote de oro, pulsera de diamantes y reloj enorme. Muy *flashy*. "Uyyyy, este tiene lana, no como los otros", sonreí para mis adentros. Desde que mi madre rompió con Ferny, salía con puro *loser* que solo andaban tras su dinero. Al menos Ferny jamás le pidió un centavo y jamás se dejó impresionar por su fama.

Esteban me estrechó la mano, muy serio, y lo invité a pasar a la cocina, donde estaba el resto de la familia. Se sentó y con una actitud prepotente, mientras nos observaba uno a uno, subió los pies encima la mesa.

"¿Pero quién se cree este tipo tan arrogante?", pensé mientras casi me daba un ataque.

Justo en ese instante apareció mi madre con su abrigo ya puesto y le echó una mirada asesina. Esteban bajó sus patotas de inmediato y de un brinco se puso en pie. Tomó a mi madre del brazo y se despidió de nosotros rapidito. Jacqie no podía aguantar la risa.

—Si nos quería impresionar, ¡lo hizo! Pinche grosero —comenté cuando nos quedamos a solas.

—*¡That guy is a cock!* Se me hizo bien ojete —me respondió Jacqie medio sacada de onda.

Las dos nos quedamos despiertas esperando a que regresara mi madre. Nos moríamos de ganas de escuchar qué tal le había ido durante la cena con el presumido.

—Es guapo, es muy *nice* —nos dijo nada más entrar y mientras se quitaba el enorme abrigo de piel—. Pagó por todo. Se siente raro no tener que ser el Banco de América por una noche, ja ja —bromeó.

Esteban pagó la cena esa noche y muchas otras. El presumido arrogante resultó ser un completo caballero y todos tuvimos que tragarnos nuestros comentarios. Pobre Esteban, no cabe duda de que los nervios lo traicionaron en esa primera cita. Mi madre lo intimidaba y creo que con el paso del tiempo lo llegó a intimidar incluso más.

Fueron pasando los días y las semanas y Esteban comenzó a visitarnos más a menudo. Comprobamos que, en efecto, trataba a mi madre como a una reina. Era muy paciente con ella y con nosotros. Jamás decía una grosería y lo que más me gustó: le dedicaba una atención especial a Johnny, mi *baby*. Johnny estaba pasando una etapa muy rebelde. Las visitas a su padre en la cárcel le estaban afectando y Esteban supo comprenderlo y disciplinarlo con cariño.

Esa navidad del 2008 pintaba muy bien para mi madre y para todos, con nuevo amor a la vista. Una navidad con un árbol gigante de más de seis pies, rodeado de infinidad de regalos. Habría sido perfecta, de no ser por otro drama familiar: mis abuelos anunciaron que se separaban. Mi abuelita cachó a mi abuelito con otra mujer y ya no había marcha atrás. Los hijos y los nietos nos quedamos retristes. Adiós a cuatro décadas de sufrido matrimonio. Cuando a los pocos meses firmaron los papeles del divorcio, sentí que perdí gran parte de mi infancia. Ya no sería lo mismo visitar a mi abuelita sin el olor a colonia de mi abuelo en el baño, ni la olla de frijoles esperándolo.

Ahora serían otro hogar y otros aromas los que nos esperarían. Mi madre, asustada porque se nos metieron dos veces a robar en la casa de Corona, y cansada de manejar esas cuarenta millas para arriba y para abajo, decidió comenzar el 2009 buscando casa nueva más cerquita de Hollywood. Y rapidito la encontró, aunque luego le tomó seis meses renovarla y dejarla completamente a su gusto. En esos seis meses no nos dejó verla ni una sola vez, hasta que por fin, una tarde de principios de junio, nos subió a todos en su auto, y como le gustaba a ella, nos sorprendió:

—¡Bienvenidos a Encino! —gritó orgullosa al pasar por dos vallas de seguridad y dos puertas automáticas, para llegar frente a una verdadera mansión.

Sus iniciales decoraban las puertas de hierro forjado y los pisos de granito. En la baranda de las escaleras lucían artísticas mariposas entre las filigranas que mandó traer expresamente de Cuernavaca. En la planta de arriba nos esperaban cinco habitaciones, una para cada miembro de la familia. Cada cuarto había sido diseñado y decorado de acuerdo a cada una de nuestras personalidades. Sobra decir que el mío tenía el armario más grande que uno se pueda imaginar. Para lograrlo, mi Momma no dudó en tumbar una pared y convertir dos recámaras en una.

—Es bellísima, Momma. Es simplemente un sueño, como en las películas —le dije embobada, mientras paseaba por la inmensa sala de altos ventanales.

La fiesta nos duró poquito en Encino. A las dos semanas de la mudanza a mi padrastro Juan, que para ese entonces seguía en la cárcel, le diagnosticaron neumonía aguda. Lo trasladaron del reclusorio al hospital y en cuestión de quince días falleció. Mi reacción inmediata, además de infinita tristeza, fue de puro coraje. Coraje de que mis amados Jenicka y Johnny se quedaran sin papá. Coraje de que pareciéramos destinados a no disfrutar jamás de una figura paterna. Ninguno de nosotros cinco tuvo esa dicha por mucho tiempo.

Creo que mi madre se dio cuenta durante esas últimas horas en el hospital de cuánto amaba todavía a Juan. Allí pasó la noche final junto a su cama, con Johnny y Jenicka presentes. Mi Johnny lloraba en silencio, como un hombrecito, mientras le acariciaba los pies a su adorado *dad*. Este niño siempre ha sido como un alma vieja, que ve cosas que los demás no alcanzamos a percibir. Jenicka, en cambio, no se pudo controlar, y sus gritos y sus golpes en la pared se oían desde los pasillos. Mi hermanita siempre fue la princesita de su papá, y siempre ha sido y será mi *gentle giant*, mi gigante lleno de ternura y dulzura.

Los recuerdos de esas tardes en la casa de Compton, planchándole los pantalones a Juan, regresaron a mi mente, entre mis lágrimas y mi propio dolor. Yo le lavaba su ropa y le compraba sus camisas, y él siempre me lo agradecía.

—Yo lo vestiré, sé cómo le hubiera gustado despedirse a este catrín —le pedí a su familia, con la que siempre nos llevamos muy bien.

Fui a la tienda y elegí unos pantalones de lino blanco, estilo playa, de los que a él le encantaban, y una camisa de la misma tela, en su color favorito, *baby blue*, con una camiseta interior blanca.

Antes de salir para el velorio le eché un último vistazo para asegurarme de que luciera perfecto. Nuestro Juan no se merecía menos. "Oh, *shit*, la regué —pensé—. ¡Se me olvidaron los calcetines! ¡No traje calcetines!". Como me dijeron que no necesitaba comprar zapatos, pues a los difuntos no se les pueden poner, ni pensé en los calcetines. Ni modo. De todos modos, dentro del ataúd sólo se le veía de cintura para arriba. Le di un beso en la frente y ahí lo dejé. Era hora de recibir a los amigos y familiares, y de consolar a mis hermanitos. Y de consolarme a mí, porque la vida me había arrebatado a mi cómplice de los *brownies*.

Después del funeral, ya de vuelta en la casa, jamás había visto a mi madre sentirse tan impotente. No sabía cómo alivianar el dolor de Johnny y Jenicka. Yo tampoco. Ni siquiera Esteban, quien ya vivía con nosotros y se había hecho súper cuate con ellos, pudo hacer mucho. Los veíamos llorar durante horas, y nada los consolaba.

—Si un día yo me voy, Chiquis, necesito que tú seas fuerte y me representes bien, con entereza y con la frente en alto. Prométeme que lo harás por tus hermanitos, mi *princess*.

—Te lo prometo, Momma, pero yo me iré antes que tú. No soportaría verte partir —le contesté atormentada por la simple idea de perderla, olvidándome de que es ley de vida que las hijas lloremos a las madres.

Sólo frases en chino escuché por los parlantes del avión. Con el luto reciente, pero ahí estaba yo, abrochándome el cinturón, metida en un avión rumbo a China.

Meses antes se me había ocurrido la idea de lanzar un perfume con el sello de Jenni Rivera, y mi madre me dio sus bendiciones.

—¿Pero, Momma, cómo lo voy a lograr? —le pregunté—. ¿Por dónde empiezo? —Yo no tenía ni idea de cómo mezclar especias y flores, ni de cómo lograría atinarle al aroma que le agradaría a mi madre y a sus fans.

—*Figure it out, princess*—me respondió sin más vueltas, con ese "te las arreglas" con el que tanto le gustaba retarnos.

—Pues me voy a Hong Kong.

—Pues pa' Hong Kong, mija.

Creo que mi madre estaba cansada de ver a la Chiquis ama de casa, siempre dependiendo de los demás. Quería que su hija sacara las garras en esta vida. Y ese viaje a China fue, en efecto, mi primer zarpazo en el mundo de los negocios. Había vivido grandes momentos con el salto a la fama de mi madre, y me tocaría vivir grandes momentos después, pero ese viaje fue una experiencia alucinante. En sólo tres semanas aprendí más de mí misma que en mis dos décadas anteriores.

Con pasaporte en mano, veinticuatro años recién cumplidos y más maletas que Mariah Carey, me embarqué en una aventura de la que sólo se me permitía regresar triunfante. Los Rivera no se van tan lejos para volver con las manos vacías. Eso lo tenía bien aprendidito desde mis días en Gale Avenue. *No way.*

Y ahí estaba yo, con mis maletones de infarto y muerta de miedo. No tenía ni la más mínima idea de cómo iba a arreglármelas con el idioma, los negocios, las costumbres. Me la pasé lloriqueando las dieciséis horas del trayecto.

—*Cry, cry, baby* —me decía en voz bajita mientras me quedaba dormida.

"Bienvenidos a Hong Kong". Tras dieciséis horas de viaje aterrizamos en la ciudad más loca del mundo, y allá, con la ayuda de un guía y traductor, me moví por hoteles, fábricas, juntas de negocios e infinitos platos de chow mein, hasta lograr el logo perfecto, el aroma perfecto, el envase perfecto.

A cada paso que daba por esas calles con tráfico demencial, podía imaginar la sonrisa de satisfacción de mi madre. Esa sonrisa de mil vatios que tan bien conozco.

Cuando escuché el anuncio en chino en el vuelo de regreso, ya sabía que tenía que abrocharme el cinturón. En mi bolsa de mano, junto a mis pies, llevaba el resultado de veintiún días de histeria: una caja perfectamente producida y embalada, con la imagen de mi madre y el logo que yo misma diseñé con la ayuda de los mejores artistas gráficos. Mi primer proyecto como empresaria. Y desde que me lo entregaron supe que a mi madre le iba a encantar. Oh, *yes*. Podíamos discutir, podíamos estar en desacuerdo, pero nos conocíamos tan bien la una a la otra que sólo con oler esa botella de lejos, sabía que le iba a gustar.

En este vuelo no lloré. Y las palabras que me venían a la mente eran: *"Where there is a will, there is a way"*. "El que la sigue la consigue", me habría dicho mi abuelito.

—¡*Wow*, mija, eres como tu madre! —exclamó mi Momma al ver el perfume en su mesa. Abrió la botellita, se puso unas gotas en la muñeca y después de olerlo con los ojos cerrados me dio un *high five* y tremendo abrazo.

Ese abrazo fue mi reivindicación total.

Nunca resulté tan buena estudiante como mi madre. Nunca me convertí en la abogada o doctora con la que ella soñaba, pero en ese día de verano de 2009, Janney "Chiquis" Marín se graduó de empresaria. Y por cierto, empresaria exitosa, porque a ese perfume le siguieron dos más para mujer y dos para hombre, y los cinco se siguen vendiendo como pan caliente hasta el día de hoy. Con mis tropiezos y mis caídas, pero ya tenía motivos para sentirme una verdadera Rivera. ¡Arriba, *bitch!* No más chingaderas.

Y tras las felicitaciones y las palmaditas en la espalda, vuelta a la realidad. O mejor dicho a los *realities*.

Mi madre llevaba siglos intentando producir su propio *show* de televisión y finalmente lo logró. Al llegar de mi viaje me encontré la casa de Encino llena de productores, camarógrafos y asistentes.

—Quiero que seamos los *Mexican Osbournes* —me bromeó mi madre.

—Pero, Momma, leí que eso de los *reality shows* es malo, que destroza familias. No sé si me gusta —le peleé.

—Chiquis, lo que quiero lograr es un nombre para ustedes. Con estos *shows* les dejo un patrimonio propio para su futuro. Ustedes ganarán su dinerito y aprenderán del negocio del entretenimiento.

Como siempre, mi madre me convenció y acepté. Decidí que lo haría más que nada para inspirar a otras chavas, pues en ese entonces no existían todavía otros *reality shows* de latinas en Estados Unidos.

Iniciamos con *Jenni Rivera Presents: Chiquis y Raq-C*, donde yo era la protagonista junto con Raquel, una locutora de radio muy conocida. Luego estrenamos *I Love Jenni* con toda la familia. A Johnny y Mikey, los *boys*, les costó más trabajo acostumbrarse a las cámaras. Para mí era divertido y me sirvió para aprender más sobre mí misma. Pero no negaré que era mucho trabajo. La gente piensa que los *realities* son pan comido y que se trata de ponerse mucho maquillaje, verse divina y sentarse a hablar pendejadas. Lo cierto es que te exigen largas horas de espera entre escena y escena, y jornadas de grabación de dieciocho horas. Es un trabajo al que no puedes llamar y decir que estás enferma ni cambiar de opinión, y el estrés resulta agotador.

Sin embargo me las arreglé para encontrar un poco de equilibrio entre los *shows*, los niños, la casa, los negocios. Mi madre se la pasaba de gira por el mundo, y cuando llegaba a Encino era para grabar alguna escena.

Sentí que Johnny y Jenicka comenzaban a resentir este ritmo de locos. Y confieso que yo también resentía que tuviéramos que contar tantas cosas privadas. Siempre quise guardar un poco para nosotros, pero mi Momma jamás le tuvo miedo al qué dirán.

—Somos normales. Somos así, y no vamos a esconder nada—

me explicaba——. Es mejor ser transparente. Nadie es perfecto, así que a mí no me dan miedo las cámaras.

Y de este modo, con cámaras hasta en la recámara, Jaylah Hope llegó a nuestras vidas ese mes de noviembre de 2009. Mi hermana Jacqie me hizo la tía más dichosa del mundo y convirtió a Jenni Rivera, la mujer dura y disciplinada, en pura mantequilla.

—Creía que amaba a mis hijos, pero desde que llegó Jaylah he conocido el verdadero amor —confesaba mi madre entre risas, totalmente embobada con su primera nieta.

Se le caía tanto la baba con su Jaylah, que en una ocasión que sorprendimos a la chiquita cortando con unas tijeras el pasaporte de Johnny, mi Momma nos dijo:

—Está bien, deja que lo rompa, ya sacaremos otro.

¡Dios mío, mi madre con Jaylah! Nunca vi a una abuela más culeca.

Y con ese caprichoso saldo cerramos el año: nuevo hogar, nuevos proyectos y con la pérdida de un ser querido y la llegada de otro. El extraño ciclo de la vida.

Justo en esos días recibí una llamada. Era la mamá de Juan, doña Ampelia, a quien siempre le digo abuelita de cariño.

—Mi Chiquis, sueño con que mi Juan tiene frío en los pies, mucho frío —me dijo—. Van meses que se me aparece.

Tuve que confesarle mi despiste.

—Abuelita, es mi culpa, me olvidé de ponerle calcetines. Usted perdone.

—Patas frías, corazón caliente —me consoló abuelita Ampelia—. Tú lo quisiste bien, Chiquis.

Ese domingo, mi abuelita Ampelia, una mujer de acción y dada a resolver problemas, pidió que la llevaran al cementerio de la Resurrección, cerca de Monterey Park, y con sus manos enterró unos calcetines nuevecitos en el pasto junto a la lápida de Juan. Amén, Juan de las patas frías.

Juan, perdóname desde estas líneas. Por los calcetines y por cualquier otra cosa que nos quedara pendiente. Yo sé que mi madre te perdonó todas tus tarugadas. No sabes cómo te extrañamos...

I love you, Dad.

13.
¡QUE VIVAN LOS NOVIOS!

—Hey, Ferny, ¿qué pasó? —Estaba barriendo la cocina cuando sonó el teléfono de la casa y tomé la llamada.

—Nada, ando buscando a tu madre, hace siglos que no hablo con ella.

—Está con Esteban, tú ya sabes.

—Ya sé, Chiquis, *no problem. It's all good.* Sólo la quería saludar.

Continué barriendo de allá para acá medio nerviosa mientras lo escuchaba en el altavoz.

Esteban y mi madre llevaban casi un año de novios, y se les veía felices y tranquilos. No estaba dispuesta a que los fantasmas del pasado nos arruinaran esta gran oportunidad de tener un verdadero hombre de provecho en la familia.

—Mira Ferny, te adoro, pero te voy a pedir que no llames más. —Yo jamás le había hablado así, ni jamás me había entrometido en sus asuntos con mi madre, pero esta vez no me iba a quedar callada—. Déjala en paz. Tiene un buen hombre, es su oportunidad para ser feliz y tener una familia completa. Hazlo también por los niños… Te quiero Ferny, pero ya fue.

Sweet Ferny se disculpó, prometió no volver a llamar y colgó de volada.

Seguí barriendo con más ganas. Casi con coraje. No me gustaba lo que acababa de hacer, pero no iba a dejar que nada ni nadie interfiriera en la relación de mi madre con Esteban. "*¡Oh, gosh!* —pensé un tanto triste—. Ya me parezco a mi Momma, con sus estrategias y secretitos para protegernos. Pero ¡ni modo!".

Y las llamadas cesaron, por lo menos al teléfono de la casa, y por lo que me contaron, también cesaron al celular de mi madre.

Y poco después llegó la petición de mano, como en las películas.

Esteban estaba en San Diego entrenando con su equipo de béisbol, y me llamó para avisarme de que al día siguiente viajaría a Los Ángeles.

—Chiquis, mañana los voy a sacar a cenar a todos, y necesito tu ayuda. Pienso pedirle matrimonio a tu *mom*. Pero no lo haré sin escuchar tu opinión primero. Eres la mayor.

—*¡Yes!* —le respondí. No podía contener la emoción—: Por supuesto que tienes mis bendiciones y las de todos mis hermanitos. Eres lo mejor que le ha sucedido a mi Momma. *¡Yes, yes, yes!*

—¿Qué crees que va a responder ella?

—Ah, no… ¿Ya te está entrando el miedo? No seas coyonero.

Los dos nos echamos a reír y pactamos no contarle a nadie. Sería sorpresa total.

A la noche siguiente, en un restaurante de lujo, Esteban esperó nervioso hasta el postre y sacó el anillo del bolsillo. Nadie lo vio venir, la verdad. Se hincó de rodillas y nos pidió a todos que lo dejáramos ser parte de la familia. Yo sólo podía pensar: "Oh, Dios, qué diamantote… ¡Gigante!".

Jenicka y Jacqie estallaron en lágrimas. Mikey y Johnny

aplaudían como locos. Y mientras mi madre, en *shock*, seguía tragando el pedazo de pastel que tenía delante. No le cayó el veinte hasta que miró el anillo y gritó:

—¡*Yes*!

—Momma, no tuviste quinceañera. Este será tu gran día, tu reivindicación—le dije dándole tremendo abrazo.

—Ya cumplí cuarenta, mija—se sinceró mi madre conmigo cuando todos nos calmamos y Esteban se levantó para ir al baño—. Ya es hora de sentar cabeza. Estoy en otra etapa y él me hace feliz. Sus ojos brillaban. Pocas veces la había visto tan en paz.

Esa misma noche comenzamos a planear la gran boda. La fecha sería en septiembre, después de la gira de verano. Y sería por todo lo alto. ¡*Oh, yes!* Una boda digna de una diva.

Los meses pasaron, y para mi sorpresa nadie me consultaba mucho sobre las flores, el menú o el vestido. Mi madre puso a cargo de los preparativos a su asistente, Julie. Yo entendía que era su trabajo, pero no podía evitar ciertos celos. Y más celos me dieron cuando eligió a mi tía Rosie como su dama de honor.

—Baby, la tradición es que la dama de honor sea la hermana, y no quiero que trabajes en esta boda, para eso le pago a Julie. Tú síguele con tus *shows* y con tus negocios. No quiero que te estreses.

—Pero, Momma, no es estrés… —de nada me sirvió protestar.

Cuanto más famosa se hacía mi madre, menos me necesitaba. Ahora, con Esteban que la ayudaba con los niños, y Julie, que estaba a diario en la oficina, me sentía rara. Ya no era yo quien le compraba la ropa, le aconsejaba en sus videos o le planeaba sus vacaciones. Estaba llegando el final de mi ciclo de mano derecha de Jenni y señora de la casa.

Y también llegó septiembre, y llegaron los nervios de último minuto.

Una mañana, a dos semanas exactas de la esperada fecha, mi madre recibió una llamada al celular y salió al jardín para contestarla en privado. Por sus gestos lo supe, y cuando entró la enfrenté:

—Estabas hablando con Ferny, ¿verdad?

—Sí, me llamó para ver cómo va todo.

—No te cases, Momma —me armé de valor y le dije—. No estás ciento por ciento segura. Lo veo en tus ojos. No cometas un error. Todavía amas a Ferny. Todo este tiempo pensé que ya te lo habías sacado de la cabeza, pero ya veo que no. Te conozco, conozco esa cara que ponías mientras hablabas con él. ¡Lo sigues amando!

—Me voy a casar con Esteban. Haré lo que quiera, y quiero casarme con él —me respondió muy calmada y sin ganas de discutir—. No me importa lo que opines.

—Momma, no deberías herir a Esteban. Terminarás haciéndote daño a ti misma —le insistí.

—*Don't worry*, mija, *you don't worry* —me dedicó su frase favorita, me dio un beso en la frente y se fue.

Se acabó el tema.

Juro que durante todos esos meses antes de la boda, creí que Esteban sería el hombre con el que mi madre se haría viejita. Aunque era cierto que me ocasionaba algo de celos pensar que ya no me necesitaría, también me sentía feliz. Yo podría emprender vuelo, fundar mi propia familia, viajar o dedicarme a otros negocios. Con Esteban a su lado yo me quedaba tranquila. Mi madre y los niños ya tendrían quién los cuidara.

Esteban aportaba dinero todos los meses para la hipoteca, las facturas y otros gastos. Se encargaba de que los niños llegaran puntuales a la escuela. Esteban era papá y esposo, los dos roles que yo desempeñé toda mi vida.

Sabía que no sería fácil para mí soltar amarras, pero poco a poco me estaba acostumbrando a la idea. Ahora podría soñar con mi propio futuro.

Pero esa mañana, después de confirmar mis sospechas de que mi madre no estaba casándose completamente enamorada, me dio miedo pensar en ese futuro. Sólo Dios sabía cómo acabaría esta aventura. Presentía que no muy bien, pero jamás imaginé que yo, de entre todos, sería la más perjudicada. Este matrimonio explotaría en mi cara, y hasta la fecha no entiendo mucho por qué.

—¡Sonrían a la cámara! —nos gritaban los periodistas a la entrada del impresionante rancho en pleno desierto de Simi Valley.

El gran día había llegado: el 8 de septiembre de 2010. Ya no había marcha atrás. Me relajé y me dispuse a disfrutar junto a toda mi familia.

Flores blancas y amarillas tapizaban mesas y esquinas. La música y los detalles eran de ensueño, y hasta los discursos de familiares y amigos fueron perfectos. La novia llegó en un carruaje jalado por caballos blancos, y el encargado de oficiar la ceremonia fue mi tío Pete, en sus funciones de pastor. Entre los invitados se encontraban Joan Sebastian, Gloria Trevi, Tito el Bambino y Don Ramón Ayala, quien nos hizo bailar hasta levantar polvareda. Jenni Rivera quería demostrar al mundo que ya era una señora de buen gusto, y lo logró.

Esteban lucía elegantísimo, y mi madre, en su vestido de Eduardo Lucero, parecía una sirena enamorada. Enamorada de sus hijos, de sus padres, de sus hermanos. De los cientos de amigos y colegas que vinieron a celebrar. Enamorada de su gran momento y del cariño de sus fans, que gritaban a la puerta de la hacienda. Enamorada de la vida. Enamorada de Esteban, a su manera. Mi madre dio el sí ante Dios con la bella y sincera intención de aprender a amarlo cada día más.

El problema es que donde manda corazón no manda la razón, y mucho menos en la cabeza de mi madre, tan rebelde y apasionada.

—Hija, no sé qué está pasando, pero vi llorar a tu *mom* a escondidas con alguien al teléfono antes de la ceremonia—me confesó Esteban en plena fiesta.

—¿La viste con el vestido puesto antes de la ceremonia? —lo regañé.

—No soy supersticioso, pero sin querer, la vi fuera en el jardín. Si todos estamos acá hoy, ¿con quién chingados estaba hablando? Seguro que con ese tal Fernando. He oído hablar de él, ya me vinieron con el chisme. Incluso tu madre me dijo que se siguen hablando.

—Ay Pop, cálmate —lo tranquilicé, aunque yo sospeché lo mismo. Esa llamada sólo podía ser para Ferny.

Con el tiempo, el mismo Ferny me lo confesó. Fue mi madre quien le marcó para despedirse, con toda su razón y todo su corazón, minutos antes de subir al altar.

Y con el tiempo, yo también tengo que confesarme y pedir perdón. Perdón a Ferny porque lo empujé fuera de la vida de mi madre, en lugar de dejarlo hablar con ella. Perdón a mi madre porque Ferny la dejó de llamar por mucho tiempo y eso sé que la hizo llorar. Tal vez en cosas del amor no nos deberíamos entrometer. Ni para bien ni para mal.

—¡Que vivan los novios! —gritaron los invitados.

Con el último brindis terminamos la boda perfecta, bien pasada la medianoche. A la mañana siguiente comenzarían el matrimonio perfecto y mi nueva realidad.

14.

BAILANDO CON LOS CELOS

—*Baby*, llámalo, *please*, llama a mi *teddy bear* —me rogaba mi madre, cansada de verme solterita y de fiesta en fiesta—. Yo ya senté cabeza, tu hermana Jacqie también, con su novio y su bebita. ¿Y tú para cuándo?

—Momma, estoy bien así. Qué obsesión de querer arreglarnos la vida —le respondí. Mis quejas no sirvieron de nada. Jenni, la persistente, me convenció y terminé buscando a Héctor, dos años después de haberlo dejado.

Mi error fue llamarlo, y su error fue contestar. Y, como donde hubo llamas, cenizas quedan, volvimos a vernos e intentar querernos. Lo malo es que nuestros fantasmas del pasado nos sofocaron. En cuatro semanas exactas estábamos con la misma canción de siempre. Le cancelé una cena romántica porque Momma me pidió un favor de último minuto y Héctor se sacó de onda, y con razón. A los pocos días viajamos juntos a entregar unas donaciones a un orfanato en Tijuana y discutimos durante todo el camino. De repente lo vi clarito: ya no nos teníamos paciencia.

—Héctor, esto no está funcionando. Se acabó —le dije sin rodeos. Y ahí fue cuando él me aventó su famosa frase:

—Un día tu madre te va a dar una patada en el culo…

La patada estaba por caerme.

En cuanto mi madre aceptó que Héctor no sería el padre de sus nietos, ella misma se embarcó en buscarme galán. Obviamente, tenía que ser de su agrado.

El primer candidato fue el campeón de boxeo Saúl "Canelo" Álvarez.

—Mira, *baby*, conocí al mánager del Canelo y me regaló dos tickets VIP para la pelea del sábado —me dijo. Plan con maña. Pero como me encanta el box, pues acepté—. El chavo es muy *cute*, joven y guapo, los voy a presentar, mija —me insistió, y me hizo ponerme un vestidito sexy y pestañas postizas.

La pelea estuvo buenísima, y nada más terminar, pasamos a los vestuarios. "¡Vaya!, pues no se ve tan mal", pensé. Me sorprendió que su rostro estuviera en tan buen estado, después de tanta madriza, aunque claro que había salido victorioso.

—Hola, Canelo, ¿cómo estás, mijo? —mi madre fue al grano—. Mira, quiero que conozcas a mi hija hermosa.

Canelo me dio la mano. Me pareció muy educado y un tanto tímido.

—Qué hermosa, ¿verdad? Yo la hice solita —mi madre volvió a la carga.

—Sí, preciosa —respondió Canelo, como todo un caballero.

Pero la neta, de ese saludo no saltó ni una chispa. Nos despedimos amablemente, y taza, taza, cada cual para su casa. Ahí no hubo ni física ni química, ni angelito tocando el arpa. Ni yo era su tipo, ni él el mío. No sé por qué, pero los hombres famosos no me gustan para novios. Es una de mis manías.

El siguiente candidato fue un doctor.

—Chiquis, *baby*, es persa, guapísimo, elegante y se parece a Andy García.

—Momma, no tengo nada en común con un médico.

—¡No tiene hijos! —me dijo con una gran sonrisa. Para mi madre, eso era primordial. Estaba obsesionada con buscarme un hombre sin familia.

Sin dejarme opinar, le envió fotos mías y hasta nos organizó una cena para que nos conociéramos.

—¿Cita a ciegas? ¡Tú estás loca, Momma!

La noche anterior le cancelé al pobre tipo con un texto y mi madre se sacó de onda.

—Está bien, tú síguele en el *party* con tus amigotes. Tú te lo pierdes.

Y como en *The Bachelorette*, mi Momma encontró nuevo candidato en menos de lo que canta un gallo. Se llamaba Carlos. Era, por ese entonces, el director de márketing de Plaza México en la ciudad de Lynwood, lugar donde mi madre quería abrir un *sports bar*.

—Tienes que conocer a este chavo. Tiene treintaiún años, soltero, alto, guapo, sin hijos… ¡y ojos azules! Oh, *God*, voy a tener nietos con ojos azules.—Mi madre alucinaba con el tal Carlos—. Mira, *baby* —y me mostró una imagen de un bebé güerito que ella misma había recortado de una revista—, si te casas con este muchacho así serán tus hijos. Chiquis, ¡yo no puedo tener nietos feos!

Para que se le olvidara el disgusto del doctor, acepté salir con Carlos. Fuimos un par de veces a tomar café, pero tampoco llegó a más. Jenni Rivera se quedó sin su nieto güerito. Ni modo.

Carlos era guapísimo. De hecho, trabajó de modelo. Un chico inteligente, divertido y muy buena gente. Sin embargo, confieso que los guapos me intimidan. Me ponía nerviosa mirar ese rostro perfecto. *¡My God!* Era como sentarse frente a Eduardo Verástegui y no babear.

Carlos me llamó una vez más, pero rápido se dio por vencido. Tal vez él también se sentía un tantito intimidado conmigo: niña famosa e hija de Jenni... ¡eso espantaba a más de uno!

Él por guapo y yo por el apellido. Así de bobos somos en esto del amor.

Y el amor, solito, sin ayuda de mi madre, llamó a mi puerta. Mejor dicho, me envío un texto: Hola, beautiful. Soy fulano, alguien me dio tu número. ¿Cómo estás? Él ya me conocía de vista. Me estuvo echando el ojo en los Premios *Billboard* de la Música Mexicana. Sólo nos separaban tres asientos en el teatro, pero yo no recordaba haberlo visto.

Me tomó un mes contestarle su texto misterioso: Hola. Y así, poquito a poco, comenzamos a intercambiar saludos y llegaron las primeras flores. ¡Un ramo gigantesco! Inmediatamente le marqué para darle las gracias. Fue la primera vez que escuché su voz. Luego me envió una foto, y decidí aceptar su invitación a cenar.

Este chavo me impresionó desde el primer minuto, pero no me intimidó. Yo continuaba con cierto miedo hacia los hombres. Es un trauma con el que creo que tendré que lidiar toda mi vida. Pasados los nervios típicos del primer saludo, me sentí bien mirándolo y escuchándolo.

La que no se sintió muy bien fue mi madre:

—Chiquis, ¿es cierto que estás saliendo con ese tipo?

—Sí, Momma, y me gusta mucho.

—¿*Why, why?* ¿Pero, por qué, mija? He escuchado tantas cosas de este hombre.

—Pues lo voy a seguir viendo. Ya intenté con Héctor porque tú me rogaste y no funcionó. Ahora voy a elegir a quien yo quiera.

—¡Mija, el tipo tiene cuatro hijos y uno en camino! —Eso era lo que la mataba—. Tú no tienes la necesidad de lidiar con eso. Va a haber mucho *mama drama* y *baby drama*.

—Momma, ya está separado, y además, lo de los hijos no es nada malo. Tú tienes cinco y todos tus novios te quisieron igualmente —la intenté convencer inútilmente. Ni ella ni yo íbamos a dar nuestro brazo a torcer en esta ocasión. *No way*. Ya estaba cansada de obedecerla en temas de amores.

Además, en esas primeras citas, el chavo me conquistó y yo ya estaba bien clavada. Me atrajo porque era valiente, muy hombre, con su propio negocio exitoso. Trabajaba también en el mundo de la música, así que teníamos mucho en común. Era muy divertido, me hacía reír a carcajadas, y no estaba a mi lado por mi dinero ni por la fama de mi madre. Estaba ahí, sentadito frente a mí, escuchando mis penas y mis sueños porque le daba su gana.

Y mientras yo andaba ocupada jugando a la enamorada testaruda, estalló el escándalo de mi hermano Mikey. La mamá de una noviecita cinco años menor que él lo acusó de acostarse con la chavita. ¡Mikey violador! Los titulares me rompieron el alma. Ya casi escuchaba decir eso de "de tal palo tal astilla" retumbando en la boca del público y los periodistas.

Mi adorado Mikey es un alma de Dios, y su único pecado fue enamorarse de una chava que tenía catorce cuando él tenía diecinueve, y eso, bajo la ley de California, es considerado violación estatutaria. Mantener relaciones sexuales con una menor, aunque sea con su consentimiento, se castiga con cárcel, aunque el acusado (en este caso, mi hermano) apenitas haya cumplido la mayoría de edad, y a pesar de que durante el juicio se comprobara que la mamá les permitía ir a solas al cine y a tantos otros lugares, y que las dos familias sabían que estaban saliendo. Sin embargo la ley es la ley, y esa madre quiso justicia.

—Mijo, tienes que pagar las consecuencias por lo que hiciste, pero yo siempre estaré a tu lado —recuerdo que le dijo mi madre a Mikey en la cocina la mañana antes de ir a la corte. Mi madre era, como toda su familia, responsable y valiente. Jamás nos enseñaron a tirar la piedra y esconder la mano. Los Rivera damos la cara, por lo que esa mañana Mikey daría la cara ante el juez y los medios que seguro nos esperaban a la salida.

—Te voy a defender siempre, Mikey, siempre te voy a defender. —Yo también le di ánimos—. Me acuerdo del día en que conociste a la chavita, en la boda de mamá, y ¡qué latosa su madre que quería que la chava le cantara a los novios a huevo! Deberíamos de habernos dado cuenta allí mismo.

Mikey me contestó sólo con un abrazo y partió hacia su cita ante la ley.

Al final le redujeron los cargos a tres delitos menores y lo sentenciaron a un año de libertad condicional. Lo peor es que su historial policial quedó marcado para siempre, igual que su alma, porque Mikey es un ser noble, con el corazón más grande que he visto, y muy sensible después de lo que nos tocó vivir de chiquitos.

—Tú no eres como papá, Mikey, tú no eres como él —le repetía yo en esos días amargos.

Y así comenzamos el 2012: entre juicios y abogados, con novio nuevo y planes de boda. Aunque no sería yo la novia en el altar. Jacqie se nos casaría con su novio después de más de un año de romance.

—No puedes invitar a tu boda al novio de Chiquis —escuché que mi madre le decía a Jacqie en su oficina, con la puerta abierta.

—Pero, Mom, Chiquis lo ama. Opino que ella es la que tiene que decidir, no tú —Jacqie protestó.

—Ni hablar. Yo pago la boda, yo elijo quién viene.

¡Estaban hablando de mi novio! Entré como toro bravo y me planté frente a mi madre.

—¿Sabes, Momma? Tal vez Héctor tenía razón. Jamás he tenido huevos para contradecirte, pero esta vez no será así. Ya llevo tres meses saliendo con él y, además, es la boda de mi hermana, no la tuya.

—Y no me importa. Yo pago y él no viene. Punto —me retó recostándose en la silla tras su escritorio.

—¡Ni si quiera lo conoces!

—Ni quiero conocerlo. Si quieres salir con él, órale, pero no lo quiero cerca ni de mi familia, ni de mis hijos.

A mi madre ya le habían ido con el chisme: que si mi novio andaba metido en la mafia, que si no jugaba limpio y otras mentiras por el estilo. En esto de la música, los celos van que vuelan, y si triunfas ya eres el malo.

—Mira, Momma —me dispuse a hablarle como nunca me había atrevido a hacerlo antes—, ya soy una pinche mujer adulta y necesitas respetar mis decisiones.

—¿Really? —Mi madre se inclinó hacia adelante en su enorme escritorio—. ¿Eres una mujer adulta y chingona? —me desafió.

—Escucha, Mom, sé cómo eres. No empieces una guerra —intenté apagar el fuego como pude.

—¿Qué insinúas? —me preguntó en tono súper sarcástico.

—Sí, Momma. No dejes que esto interfiera en nuestros negocios y en nuestras vidas. Yo te amo.

—Don't worry —me contestó muy dulce, pero con esa mirada que siempre lanzaba cuando tramaba algo.

Pasamos una semana casi sin dirigirnos la palabra, hasta que me envió un texto: Tenemos que hablar, ven a la casa.

Ahora estoy con mi novio, le respondí dispuesta a no dejarme manipular.

No me importa. Necesitas venir ahorita mismo.

Me insistió tanto que me puso nerviosa, así que me metí en el carro rumbo a Encino.

Mi madre me esperaba tras ese mismo escritorio desde donde le gustaba jugar a la jefa. ¡Y es que lo era!

—Chiquis, necesito que te mudes. Te tienes que ir de la casa.

—¿En serio? ¿Por qué? —dije mientras me sentaba en una silla, para no marearme.

—Estuve revisando nuestras cuentas y mira: en la tienda BCBG, tres mil dólares, en Bebe, quinientos... estuviste gastando mi dinero.

—Momma, todos los años hacemos los impuestos juntas y tú sabes cuánto gasto. No es nada nuevo... no es tan grave... Momma... no escondo nada, sabes que me gusta comprar... y no es sólo tu dinero, es nuestro dinero.

—Mija, te pago muy bien. Deberías estar gastando tu dinero para tus caprichos, no el mío.

En eso tenía toda la razón. No le pude seguir discutiendo. Mi madre siempre fue generosa conmigo, pero los hijos tendemos a pasarnos de lanza. Aunque también es cierto que yo siempre estuve trabajando para ella sin renegar y sentía que ese dinero también me pertenecía.

—Ok, Momma, te pagaré renta. Déjame demostrarte que puedo ser responsable. Yo nunca te robé ni un centavo a tus espaldas. Tú sabes en qué me gasto el dinero y dónde.

—No, ya eres una pinche mujer adulta, ¿recuerdas? Pues a ver qué chingona eres ahora.

—¡Oh, ajá! Ahora entiendo. No es por mi shopping. Esto es por mi novio... porque sigo con él —de pronto lo vi clarito.

—No. No tiene nada que ver con él, pero si te crees una adulta y chingona, ándale—. Mi madre ya lo había decidido. Mis súplicas sobraban.

—¿Y qué va a pasar con *Chiquis 'n Control?* —De pronto recordé que apenas habíamos comenzado mi tercer *reality show*, y mi madre era una de las productoras principales.

—No sé. Me lo voy a pensar. Ahora lo importante es que te salgas de la casa.

A este punto de la discusión estallé en llanto. Ya no podía aguantar mis lágrimas. Sólo pensar en que no vería a mis *babies* todas las noches me rompía el alma.

—OK, OK, buscaré dónde vivir. Sólo una última pregunta: ¿todavía voy a trabajar para ti? —alcancé a decirle entre sollozos.

—No, tienes el dinero de los otros *shows*, arréglatelas con eso. Piensa qué vas a hacer. A partir de hoy ya no trabajas para mí.

Al día siguiente me enteré de que había quitado mi nombre de sus cuentas de banco y de otros documentos, y de que había contratado a alguien para que ocupara mi lugar.

Mi madre era una estratega, y no me canso de decirlo. En menos de una semana lo organizó todo con calma y buena letra.

De nada sirvieron mis ruegos: "Momma, por favor, iré a terapia, cambiaré mis hábitos, haré lo que me pidas…". La sola idea de alejarme de Johnny y Jenicka me mortificaba.

Con la pena en el alma, busqué un apartamentito en Van Nuys. Era un garaje convertido en sala-cocina con una sola habitación.

16 de marzo de 2012: Allí estaba, de regreso en un garaje. Esta vez solita y sin bicicleta.

Juro que si no hubiera sido por mis amigos del alma, me habría muerto en ese lugar. Ellen, Julie, Dayanna y Gerald me empacaron todo en la casa de Encino y lo subieron a un camión de U-Haul. ¡Un U-Haul de pura ropa y zapatos! Esa tarde me di cuenta de que mi madre tenía mucha razón: tengo una adicción al *shopping*. Pero también sabía que detrás de todo esto se escondía algo más que unos estúpidos zapatos y unas mugres bolsas.

Compras, novio sin sus bendiciones y también unos poquitos de celos. Esa fue la receta completita del drama madre e hija. Mi propia madre me confesó ese mismo año que sentía celos de mí. Celos de madre, no de mujer. Celos de que yo parecía más mamá de sus hijos que ella, que fue quien los parió.

Ahora, con un esposo de verdad en la casa, su manera de ver la vida había cambiado. Quería cocinar y llevar a los niños al doctor, tal y cómo lo hacía yo, y se sentía una mala madre porque no podía. Tantos años en la carretera y en fríos hoteles le estaban pasando la factura a su corazón. Yo recuerdo que la animé y le dije que una mala madre jamás habría sacrificado tanto como hizo ella por nosotros. Que tal vez no estaba presente en Encino todas las noches para darnos un beso y apagar las luces, pero que su ejemplo y su fortaleza nos acompañaban desde que despertábamos hasta que cerrábamos los ojos. Hasta el día de hoy ella está presente en esa casa. Es la energía y el amor de la familia.

—Buena madre no es sólo la que se queda en casa a hornear pasteles, Momma —recuerdo que le dije en esa ocasión para subirle el ánimo.

Y buena madre también es aquella que, de vez en cuando, te da una lección difícil. Y ahí estaba yo, haciendo mi tarea entre las cajas y el tiradero en mi nuevo apartamento.

Y durante todo este capítulo, Esteban permaneció calladito. Sólo me dijo, asegurándose de que mi madre no lo oyera:

—Espero que se arreglen las cosas con tu madre pronto, hija. No me gusta verlas así.

Al menos Ferny le habría plantado cara. Le habría dicho: "Jenni, déjate de chingaderas".

A veces pienso que si Esteban hubiera demostrado tener más valor, mi madre lo habría amado más. Aunque sé que él le hacía la lucha a su manera. Para suavizarle el corazón a mi Momma, grabó a mi sobrinita Jaylah cargando una de mis bolsas junto al camión de la mudanza y se lo envió. A Esteban le faltaban huevos, pero le sobraban buenas intenciones.

Luego, el mismo Esteban me contó que cuando mi madre regresó de su viaje, subió a ver mi recámara vacía y se quedó dentro unos minutos a solas. Después salió con los ojos rojos y sin decir palabra.

Yo tampoco estaba muy platicadora. Me la pasaba tirada en la nueva cama que me compraron mis amigos en IKEA. No me traje ni un solo mueble de la casa de mi madre. No quería que me acusaran de robar o tomar lo que no era mío. Mi deseo era comenzar de cero, con todo nuevo y todo *mío*.

Pero para empezar de cero, hay que tocar fondo. Y yo estaba cerquita de tocarlo. No me bañé durante tres días, ni me atreví a sacar mi maldita ropa del U-Haul estacionado frente a la puerta. ¡Extrañaba tanto a mis *babies*! Y ellos ni siquiera me llamaban. Estaban felices en la escuela, con sus amiguitos y con Esteban para arriba y para abajo. "Oh, ya no me necesitan —me martirizaba inútilmente—, ese es el juego, ¿eh?". Estaba muy mal, mis propios celos tontos me hundían, y para colmo, me repetía: "Chiquis, no tienes trabajo, no tienes familia, no tienes nada".

Mientras me consumía entre lágrimas, mis amigos sacaron la cama a la sala, convirtieron el único cuarto en armario y bajaron todas las chingaderas del camioncito. "Pinche ropa —pensé—. Me saliste cara".

Una mañana, cuando logré meterme bajo la regadera y calmarme un poco, mi madre comenzó a enviarme textos. ¿Cómo estás? ¿Cómo va todo?, me preguntaba. No le contesté, así que optó por dedicarme una canción de Chuy Lizárraga a través de su cuenta de Twitter:

¿En dónde estás, presumida?
Traigo antojo de rogarte hasta que vuelvas
Tengo ganas de que me mires llorando
Son bonitas y tú me causas las penas
¿En dónde estás presumida?
Te propongo negociemos tu regreso
Lo que quieras
Lo que pidas
Yo lo tengo
Si no existe lo que quieras
Te lo invento.

A mi madre le gustaba decirnos las cosas cantando, especialmente cuando le fallaban las palabras. Y como no le contesté, decidió llamarme directamente y, tragándose su orgullo, me lo pidió bien clarito:

—Mi *princess*, deberías regresar a la casa. Puedes recuperar tu trabajo, tu cuarto, todo.

Su voz temblaba. Estaba a punto de llorar, así que me subí al auto y fui directo a verla. Ella necesitaba mi abrazo tanto como yo el suyo.

—Momma, te quiero mucho, pero no regreso. Ahorita no. Ya me mudé y no es justo. Me dolió mucho y necesito tiempo —se lo dije con todo mi corazón.

—OK, mija. *I love you* —me respondió muy comprensiva. Con los años mi madre se volvía más sentimental, especialmente desde que se convirtió en abuela, y no estaba dispuesta a perder a ninguna de sus princesas. Su mayor felicidad era tenernos a todas en casa.

Y a partir de esas palabras de reconciliación y de ese abrazo, nuestra relación mejoró como nunca.

Yo me concentré en manejar mejor mis finanzas y mis gastos, y en planear mi próximo negocio, y una mañana desperté feliz en medio de ese garaje repleto de zapatos: "OK, esta es la vida de soltera independiente. No está mal. No tengo que madrugar ni encargarme de la casa ni de los niños. ¡Puedo dormir una hora más!", pensé. No lo negaré, ¡me gustó!

Y más me gustaron las visitas a mi madre. Ella me llamaba, me invitaba a comer en algún restaurancito de moda y allí platicábamos de todo, como verdaderas comadres, o me decía "Vente a cenar a la casa" y me tenía el plato en la mesa. Finalmente volvíamos a ser madre e hija, y no jefa y empleada. Esos meses de marzo a julio los pasamos como la mejor hija y la mejor madre. Volvimos a ser aquellas dos loquitas inseparables pedaleando en bicicleta por las calles de Long Beach.

Una tarde, después de cenar con todos en la casa de Encino, me despedí para irme a mi apartamento.

Desde el jardín, mientras me subía al auto, vi a Esteban por la ventana de la cocina. Los niños le ayudaban a meter los trastes en el lavaplatos. Mi madre se reía mientras les platicaba algún chiste que le habían enviado a su teléfono.

"Mi familia es un éxito, y mi vida va a serlo también", pensé mientras manejaba rumbo a mi apartamento con el alma tranquila, y preparada para mi próxima aventura.

Esa aventura ya tenía nombre: "Blow Me Dry", un salón de belleza que estaba a punto de inaugurar en Encino. Decidí invertir mis ahorritos en este nuevo proyecto y hacerlo yo sola. Yo elegí el local, el nombre, los empleados. Yo solicité y pagué los permisos, y trabajé la promoción con Iris Corral, mi agente de relaciones públicas. A mi madre sólo le pedí que me acompañara en la gran apertura.

Esa tarde, todos los canales de televisión en español se dejaron caer. Yo estaba tan nerviosa que casi vomito. Me sentía como en el primer día del kínder. ¡Y mi madre que no llegaba! Tuve que comenzar el evento sin ella y enfrentar las cámaras sola por primera vez. Hasta que, ya iniciadas las entrevistas en la pequeña alfombra roja, noté que alguien me agarraba la mano. Sin mirar, lo supe: "Ya llegó mi Momma". Y las lágrimas se me escaparon, para sorpresa del pobre periodista que me apuntaba con su micrófono y que nunca supo por qué me emocioné tanto.

—*Wow*, mija, *wow* —me dijo mi madre al oído—. Me tienes impresionada. Esto es bello. ¿Pero por qué lloras, mi *princess*?

—Porque pensé que no llegarías —le respondí como niña chiquita.

—Aquí estoy contigo, *baby*. Siempre contigo —me tranquilizó como sólo ella sabía hacerlo, y entramos de la mano, triunfantes, al nuevo salón y a mi nuevo futuro.

El siguiente regalo que la vida me brindó ese año tan extraño lo recibí el día de mi cumpleaños.

Mi madre, Esteban y los niños me invitaron al cine. Nos fuimos a Pasadena y aunque la película fue un churro, lo pasamos genial. A la salida, alguien me abrazó por detrás: ¡sorpresa! Se trataba de mi novio. Pero la verdadera sorpresa fue ver la reacción de mi madre: sonrió muy pícara y lo saludó como si nada. Yo me quedé helada, y al ver mi cara, mi madre me explicó:

—Vamos, *princess*. Los dos hablamos ayer y decidimos enterrar el hacha de guerra y celebrar tu cumpleaños como te mereces, con una gran fiesta.

Juro que no lo podía creer. La primera vez que aceptaban verse cara a cara.

El resto de amigos y familiares nos esperaba en casa de mi novio con el tequila y la botana. Mientras el mariachi sonaba fuerte y las copas volaban, suegra y yerno se escaparon al jardín a solas. Yo los miraba por los ventanales.

Era la hora de sincerarse el uno con el otro. Mi novio le dijo que le molestó muchísimo que ella creyera rumores sobre él, sin conocerlo siquiera. Ella le pidió disculpas, pero le aseguró que yo era su *baby*, que siempre lo sería y que me protegería de todo peligro. ¡Hora y media platicando! Supongo que se contarían mil cosas más que nunca me compartieron, pero al menos se hablaron con la verdad. Los dos eran igual de bravos y directos.

Al final, Esteban vino a buscarme:

—Hija, tu *mom* te busca.

Salí al jardín medio nerviosa y, cuando me acerqué y los escuché reír, pensé: "Este es mi verdadero regalo de cumpleaños".

—*Baby*, ahora entiendo por qué te gusta tu galán —me dijo mi madre con una enorme sonrisa.

—No me gusta, Momma, creo que lo amo.

—Lo que tú digas, pero él y yo tenemos muchas cosas en común. Dicen que las hijas se enamoran de hombres que les recuerdan a sus padres; tú te enamoraste de uno que se parece a mí, porque yo soy tu madre y soy tu padre. Siempre lo fui.

Con su chiste le arrancó las carcajadas a mi novio.

Esa noche la fiesta terminó en paz, con Esteban y mi madre abrazados en total armonía, y yo bailando bien agarradita con mi novio. El verano prometía ser fantástico.

Pero como todo capítulo feliz en nuestras vidas, iba a durar poquito.

Yo todavía no entiendo qué diablos pasó. Hasta el día de hoy nadie se puede explicar por qué en ocho semanas el cielo se nos convirtió en infierno. Y la única persona que podría aclarárnoslo ya no está aquí para contarlo.

Ese *sweet summer* lo pasé trabajando duro en mi salón y planeando mi carrera de cantante. Ya lo había decidido. Me lanzaría muy pronto como artista. Era algo con lo que siempre había soñado yo en secreto, y era hora de hacerlo realidad.

—Mija, espérame un año más —me pidió mi madre cuando le conté por primera vez mis intenciones—. Quiero manejarte yo, y ahorita ando muy ocupada. Dame unos meses y le entramos. —Mi madre deseaba dejar algún día sus agotadoras giras y trabajar en proyectos que le permitieran quedarse en casa con sus hijos y su esposo—. Quiero producir una banda de puras mujeres, estilo Límite, contigo al frente, mi *princess*.

El plan de mi madre me pareció fantástico. En lo profesional, para nosotros no existían los celos. A la hora de chambear y ganarse el pan, los Rivera somos muy unidos. Y siempre habíamos hablado de que, cuando mi madre entrara en otra etapa, nos ayudaría a cumplir nuestros sueños. "Todo lo hago para construir un nombre, un patrimonio del que ustedes se puedan beneficiar —solía decirnos. Cuántas veces la escuché repetir esas palabras—. Mi sueño es su sueño", insistía. Pero, ¡antes de soñar con más aplausos, teníamos que casar a Jacqie!

Y acá me llegó la primera señal de que nuestro cielo azul de verano se nos nublaba: mi novio no asistiría a la boda. Todo aquel fogonazo del día de mi cumpleaños de amor y paz entre suegra y yerno quedó en pura llamarada de petate. Mi madre se negaba de nuevo a aceptarlo en la familia. Seguía insistiendo en que no le gustaba que tuviera tantos hijos y que no me haría feliz, y que si no era trigo limpio y que si andaba metido en problemas. Además, la notaba celosa de él. Si mi novio me regalaba un par de zapatos, ella me compraba tres. Creo que como no era chavo que pudiera manejar a su antojo, y me podía dar todo lo que ella me daba, la ponía nerviosa.

Yo, cansada de tanto drama, decidí ignorar el problema por el momento y disfrutar de la boda, con o sin mi novio del brazo. ¡Pero que ni soñaran con que lo iba a dejar! Con el tiempo, pensé muy optimista, mi madre terminaría aceptándolo. La pelea se titulaba Madre Testaruda versus Hija Terca. Y yo no me iba a rendir así de fácil.

Mi madre, como siempre, se encargó de toda la fiesta y coordinó hasta el último detalle. Sus hijas no tuvimos quinceañeras, pero nuestras bodas iban a ser de ensueño. Jacqie eligió el miércoles 19 de septiembre para dar el "sí". Los miércoles son nuestro día de la semana favorito. Mi madre nació en miércoles, yo también, y los miércoles son nuestro día de cenar juntos y ver películas.

Y justo ese miércoles de boda noté más señales de la tormenta que estaba por caernos. En la mañana, mientras nos arreglábamos, mi madre me confesó que cachó a Esteban enviando mensajes de texto a su ex pareja en Texas.

—Ay, pero, Momma, tienen un hijo juntos, ¿qué esperas?, ¿que no se hablen? —intenté calmarla.

—Esos mensajitos eran demasiado amistosos —me replicó, desconfiada—. Pero no me importa. De lo que estoy cansada es de sus mentiritas. Esteban miente mucho por pura pendejada, y eso me saca la tapa.

—Momma, Pops es incapaz de engañarte. Lo sabes tú y lo sé yo —la volví a aplacar un poco y no le di más importancia.

Pensé que eran celos tontos de mujer casada. Igual que mis celos tontos de hermana porque Jacqie no me incluyó mucho en los preparativos de su gran fiesta y se la pasaba planeando con mi madre medio en secreto.

Pero, dejando los celos a un lado, lo cierto es que mi madre odiaba las mentiras, pequeñas o grandes, daba igual. Y creo que Esteban le mentía por temor a confesarle los detalles más insignificantes que la pudieran molestar: "Mi amor, fui a la tienda ayer", le mentía cuando en verdad había ido ese mismo día. O: "mi hermano me invitó a cenar", cuando era él quien había invitado al hermano. Puras mentirillas bien pendejas en las que mi madre siempre lo cachaba.

Esa noche, durante la fiesta, las mentiritas y quién sabe qué otras broncas, marcaron distancia. No vi mucho abrazo ni mucho beso entre Esteban y mi madre. A él lo noté medio tristón, a ella, un poco fría. Y para colmo, mi madre también actuaba rara conmigo y esta vez yo sentía que no era por el tema de mi novio.

Algo más andaba mal en la cabeza y en el corazón de mi Momma. ¿Qué podía ser? Entre cientos de invitados, fotos y sonrisas, yo sentía el aire medio pesado. "Acá algo va a tronar gacho", me dije.

Esa noche también sucedió otro incidente que tendría consecuencias eléctricas. Elena, la joyera de mi madre, estaba entre los invitados de la mesa de al lado con su nueva novia. Al pasar junto a ellas, me agarró del brazo y me dijo:

—Chiquis, eres tan bonita, eres un ángel en la tierra, la más bella en esta fiesta.

Yo la abracé agradeciendo sus piropos y me fui sonriendo. Elena era así de dulce y cariñosa con todo el mundo. Le gustaba chulear a todos y a todas por puro cotorreo. Pero a su novia no le gustó ni un pelo. Su cara echaba chispas. "Ni modo", pensé, y me olvidé del incidente.

Esa noche, los novios bailaron abrazados al ritmo del mariachi, pero los verdaderos protagonistas de la pista fueron los celos más oscuros. Celos de madres y esposos, de suegras y yernos, de hermanas y amigas, de madres e hijas. Celos que se colaron sin invitación y rondaban entre las flores y por debajo de los manteles blancos. Y con el último baile, todos nos llevamos esos celos ponzoñosos a nuestras casas y a nuestras alcobas. Cada cual el suyo.

15.
AL CHISME POR LOS CUERNOS

A veces me pregunto si son los chismes los que incendian y avivan los celos, o al contrario: si son los celos los que provocan y fabrican los chismes.

En esta historia es imposible decir qué fue primero: el huevo o la gallina. Pero la mezcla explosiva estalló en menos de veinticuatro horas después de que Jacqie lanzara su ramo de novia a la bola de solteras.

Y ahora me toca a mí contar cómo y por qué. Odio tener que hacerlo. Y más cuando mi madre nunca lo explicó del todo y el episodio quedó incompleto.

Mi madre no dejó nada escrito sobre este conflicto en sus memorias póstumas, pero, después de meditar mucho sobre si debo o no contar lo que mi madre quiso callar, decidí hacerlo.

A partir del instante en el que mi madre hizo público en la televisión parte de este capítulo familiar que ahora contaré —y mencionó en él mi nombre como principal responsable—, echó la bola a rodar. Yo sé que fue sin maldad, mas ahora es mi responsabilidad detener esa bola que ya rodó demasiado tiempo de boca en boca.

Siento que es mi deber acallar las últimas suposiciones y limpiar así la imagen de mi madre y la mía. Las dos merecemos estar en paz.

Sé que mi madre no está para contestar a mis comentarios. También sé que la amo y que mi necesidad de contarlo no es para atacarla. Es para explicarle desde estas páginas lo que nunca me permitió explicarle cara a cara. Sé que cuento con su aprobación desde allá donde se encuentra, y desde allá leerá esto. Y sé que tengo la aprobación de toda mi familia, a la que amo y respeto.

En esta vida, hay veces que tenemos que enfrentar al toro, por mucho miedo que nos dé. Al toro de la verdad. Y agarrar al chisme por los "cuernos". Nunca mejor dicho.

16.
MUCHO AZÚCAR

A la mañana siguiente, no hay nada peor que despertar con la cruda. Y algunas crudas, como esta de la boda de Jacqie, pueden resultar matadoras. La cruda realidad de esos celos e inseguridades de los que no te libra ni una sal de uvas.

Con los pies todavía adoloridos de los malditos tacones y de tanto bailar, me bañé, me vestí y me fui derechito en un carro rentado a la casa de Encino para recoger mi nuevo Prius. Mi madre lo sacó con su crédito, pero yo me encargaría de hacer los pagos mensuales. Al llegar lo encontré estacionado junto a la fuente de la entrada, flamante, nuevecito y con la llave en el encendido.

—Mija, vamos a las *movies*. ¿Se te antoja? —me invitó mi madre, que ya estaba en la puerta a punto de salir con Esteban y los niños.

—Claro, vamos todos. —Me encantó la idea. Así podría calar mi nuevo carrito. Jenicka se subió conmigo y el resto se fue en el otro carro.

Durante toda la película, mi madre se la pasó enviándose textos misteriosamente con alguien. Esteban y yo nos dimos cuenta, pero

137

ninguno de los dos le preguntamos. A la salida, supimos con quién intercambiaba mensajes como loca:

—La novia de Elena me quiere hablar —nos dijo mi madre—. Están teniendo problemas. Voy a verla.

Se me hizo raro. Muy raro. Elena era una de las mejores amigas de mi madre. ¿Por qué querría ir a consolar a su novia en lugar de apoyar a su amiga del alma? La tal chava sólo llevaba dos meses en nuestras vidas y, por cierto, nunca me dio buena espina. No sé, algo en ella no me inspiraba confianza.

—¿Está bien si me llevo tu carro, Chiquis, y ustedes se van a casa juntos en el otro? —nos propuso mi madre.

—¿Vas a tardarte mucho? —le pregunté intrigada.

—No, no, sólo un ratito. ¿Y tú?, ¿te vas a quedar a dormir en la casa?

Me extrañó que mi madre me preguntara eso. Yo llevaba meses durmiendo en mi apartamento. Me gustaba despertar allá, donde tenía todas mis cosas.

—No, Momma, necesito regresar a dormir a mi casita —contesté.

Nos dimos un beso y ella se fue con mi auto y nosotros en el suyo. Esteban iba al volante y yo al lado, con Johnny y Jenicka sentados atrás, muertos de sueño. Se hacía tarde.

—No sé, esto no tiene sentido —me dijo Esteban sin ocultar sus sospechas—. ¿Por qué tiene que ir a hablar con ella a estas horas? Y ni siquiera son tan amigas.

—No sé, Pop. No tengo ni idea.

Yo no quería hablar de los problemas de mi madre con él, y menos delante de los niños. Mi madre me lo tenía prohibidísimo.

—Creo que acá hay gato encerrado. Tu madre me engaña —Esteban continuó—. Las cosas han estado muy raras últimamente.

Llegamos a la casa y Esteban se fue directo a su recámara. Los niños subieron a sus habitaciones y yo los acompañé, como siempre, para asegurarme de que se lavaran los dientes y se pusieran el pijama.

Mi celular sonó. Era mi tío Juan. Quería contarme que había cenado con mi novio y que tuvieron una larga plática de hombre a hombre, sobre sus intenciones conmigo.

—Pinche teléfono... no te oigo bien, en esta casa tengo mala recepción —le dije a mi tío—. Deja te llamo desde el de la casa.

Llevaba quince minutos hablando con mi tío Juan sentada en las escaleras que conducen a las habitaciones cuando me llamó mi novio. ¡También quería contarme su versión de la plática! Le colgué a mi tío y le contesté a mi novio. Ambos parecían estar satisfechos con el cara a cara que se aventaron. Así son los Rivera. Novio que llega, novio que tienen que interrogar.

—*Baby*, estoy que me muero de sueño. Te llamo en cuanto llegue a mi apartamento —le dije a mi novio. En total creo que pasé media hora sentada en esos escalones hablando con uno y con otro. Las cámaras de seguridad de la casa me apuntaban. Quedó bien grabado.

Me levanté, di un último vistazo a la habitación de Jenicka, otro a la de Johnny y pasé por la de mi madre para avisar que me iba.

Esteban estaba recostado en la cama, jugando en su iPad.

—Chao, ya me voy. *Good night* —le dije—, me voy en el carro rentado y regreso en la mañana por el mío.

—No creo que tu madre haya ido a ver a la novia de Elena, Chiquis. Hay algo que no me huele bien —Esteban volvió a la carga—. No sé qué está pasando, pero estoy preocupado.

Yo le contesté con un rápido y cortísimo "no sé", lo escuché un poco más para que no se sintiera mal y me despedí con un beso en la frente.

—Buenas noches, Pops. Te veo mañana.

Salí volada de la habitación y de la casa. Mi madre desaprobaba que habláramos de ella y de sus problemas. No me quería involucrar en semejante situación.

Al llegar a mi casa en Van Nuys respiré tranquila. Si Esteban y mi madre traían broncas, no quería estar en medio. "¡Ahí que se las arreglen!", pensé. Aunque extrañaba Encino y los niños, en momentos como estos me encantaba mi garachito. En él estaba a salvo de las broncas de todos. Pero tenía la esperanza de que todo se arreglara entre ellos, por el bien de los niños.

—Baby, ya llegué. Hablamos mañana. Estoy que me muero— le volví a marcar a mi novio para desearle las buenas noches y cerré los ojos.

Todo quedó registrado en mis facturas de teléfono y en las cámaras de seguridad de la casa de mi madre. La noche más tonta de mi vida, por la cual me acusarían del crimen más atroz. De poco me serviría tanta evidencia. Cuando te quieren condenar, te condenan en chinga. En este mundo, eso de que eres inocente hasta que se demuestre lo contrario sólo funciona en las películas de abogados y policías.

A la mañana siguiente me desperté tempranito porque le había prometido a mi amiga Yadira que la iría a visitar. "Ah, mi amiga vive hasta casa la chingada. En Victorville —pensé—. Mejor me llevo el Prius, que gasta menos".

Ya iba de camino a la casa de Encino para intercambiar autos con mi madre cuando una llamada de Esteban me detuvo.

—Hija, no vengas. Tu madre está de un genio terrible. Llegó anoche a las tres de la mañana y me disparó toda clase de preguntas raras. Me llegó a cuestionar incluso si tú y yo estamos teniendo algo.

—¿Qué? —Me enojé tanto que no podía ni hablar—. ¿Cómo puede mi madre insinuar eso? ¿Se volvió loca?

—No sé qué trae, ni qué le dijo la novia de Elena anoche. Sólo sé que quedó en verse con alguien ahora en Jerry's Deli.—Esteban estaba nerviosísimo—. Chiquis, algo está pasando porque me dijo que va a correr a mucha gente hoy.

—OK, Pop, gracias por avisarme. Ya le hablaré más tarde. Ahorita no quiero ni verla.

Antes de colgar, Esteban me dijo que sería mejor que borrara los textos que habíamos intercambiado en los últimos días.

—No, Pops, no los voy a borrar. ¿Por qué los tendría que borrar? ¡No hicimos nada malo!

—Porque tu madre no quería ni que habláramos. No te lo quise contar, pero desde que celebraste el estreno de tu programa *Chiquis 'n Control* este verano, tu madre me pidió que no te hablara tanto, que no te texteara más y que no estuviera tan pendiente de ti. No le gusta que te preste atención.

¡*Bum*! Esto me cayó de total sorpresa y como una bomba. ¿Celos? ¿Mi madre nos tenía celos? Era cierto que Esteban era muy atento conmigo, pero ni más ni menos de lo que lo era con mis hermanitos. Y cierto que yo era dulce y cariñosa con él, pero nada más. ¡Soy así con toda mi gente!

—No, Pops, no los voy a borrar —me negué una vez más. No iba a actuar como si fuera una criminal. Yo no tenía nada que esconder.

No sólo no borré las conversaciones con Esteban. Esa misma mañana las guardé como otra evidencia más de mi inocencia, por si las cosas se ponían peor. Otra evidencia que valió madres a la hora de aventarme a la hoguera.

Decidí que con o sin mi carro, y con o sin el nuevo drama en Encino, me iba a ver a Yadira tal y como le había prometido. Dos horas al volante me servirían para meditar y calmarme. Esta la tenía que pensar muy bien.

A mi llegada a Victorville recibí la siguiente bomba: un texto de mi madre que me decía: Sé lo que te traes con Elena. Sé que ustedes están cogiendo.

¿¿Que qué??, le respondí incrédula. ¡De veras que se había vuelto loca! ¡No había otra explicación! ¡Loca de manicomio! Primero que con Esteban y ahora que con Elena. ¿Quién era yo entonces? ¿La más puta de las putas?

De inmediato la llamé. La llamé una y otra vez y no me levantaba el teléfono. Me seguía enviando textos, acusándome de haberme acostado con Elena y diciéndome que la mismísima Elena se lo había confesado esa mañana.

Desesperada, llamé a Pete Salgado, su mánager por aquellos días.

—*Look*, Chiquis, yo estaba presente esta mañana cuando tu madre encaró a Elena. La misma Elena nos dijo que ustedes están teniendo algo.

—¿Una relación con Elena? —le respondí a gritos—. ¿Me estás jodiendo? ¡Ustedes están todos locos de remate!

No entendía nada. Llorando, llamé a mi tío Juan.

—Tío, mi madre se volvió loca. Me acusa de acostarme con Elena. ¡Incluso se cree que me estoy acostando con Esteban! Piensa que soy una puta. Por favor, habla con ella.

Mi tío tampoco me creyó capaz de tanta acostadera y libertinaje, me conocía mejor que nadie, así que intentó llamar una y otra vez a mi madre para aclarar tanta historia rara, pero nada, tampoco le respondía. Mi último recurso era pedirle ayuda a mi tía Rosie.

—Rosie, ¿qué está pasando?

—No sé, Chiquis. Tu madre también cree que yo me estoy

acostando con Elena, porque vio mis textos y Elena me llama *baby* cuando me escribe.

—Pero, ¿qué es lo que le hizo pensar todo esto? —pregunté indignada. Ni Rosie ni yo podíamos encontrarle pies ni cabeza a semejante desmadre.

De repente me acordé del pequeño incidente en la boda de Jacqie, cuando Elena me piropeó y su novia lo escuchó. "Pinches chismes y celos", pensé.

Mi tía Rosie me confirmó mis sospechas:

—La novia le quitó a Elena su teléfono ayer y encontró una foto tuya en bikini de cuando fueron todos a Hawaii. Y llamó llorando a tu madre para contarle lo tuyo y lo de mis textos estúpidos.

¡Ajá! De eso andaban texteándose como locas la noche anterior en el cine, y por eso mi madre había salido volando a reunirse con esa chava. Estaba clarito. La paranoia de la chava envenenó a mi madre.

—*Please*, sigue llamando a mi madre a ver si te contesta y dile que yo jamás le toqué un pelo a Esteban, ni tampoco a Elena. Por favor —le rogué a mi tía.

Rosie, finalmente, logró hablar con ella, y la cosa se puso peor.

Le dio mi mensaje de que yo nunca la traicioné y mi tía me contó luego que mi madre estalló en ira:

—Tu madre se dio cuenta de que Esteban te llamó esta mañana para contarte que duda de ustedes, y se enfureció todavía más. Me dijo que Esteban era un estúpido y que le había ordenado que no te llamara y que no te contara. Tu *mom* está harta de que Esteban te llame a sus espaldas y le mienta.

—Pero, tía, ¿qué culpa tengo yo en todo eso?

—Ninguna, Chiquis, pero dale espacio a tu madre. Nunca la he visto tan enojada. Te juro que no entiendo nada —me rogó.

En ese instante, ciega del coraje, le dije a mi tía las palabras más horribles que he pronunciado jamás de mi madre. Hasta la fecha me duelen. Pero estaba tan furiosa que se me salieron. No me pude controlar:

—Ok, está bien. No la necesito. ¡La odio! ¡La odio por pensar esas cosas de mí! Siempre arruina mi felicidad y me empuja lejos de ella. ¡Es una *bitch*! No me quiere escuchar. Ya no la quiero en mi vida. ¡Me está hiriendo más de lo que me hirió mi propio padre!

Creo que mi tía Rosie, más tarde, le repitió estas palabras a mi madre, y por supuesto le dolieron en el alma. La brecha se hacía más y más grande entre las dos.

Ahora éramos dos lobas heridas. Y la llaga crecía de manera incontrolable, con la ayuda de muchas de esas voces tóxicas y chismosas que la rodeaban. En esos días en los que explotó el polvorín fueron esas voces y esos moscones acá y allá los que se encargaron de echar sal al corazón de mi madre.

Pobre Yadira, mi visita no resultó muy divertida. Me la pasé colgada del teléfono con unos y otros. El drama era agobiante. No sé ni cómo logré regresar de Victorville a mi casa. Al entrar a mi apartamento, Esteban me llamó, complicando más el chisme de viejas:

—Hija, te quiero pedir que me perdones por lo que te dije esta mañana sobre los celos de tu madre. No es cierto. —Su voz sonaba rara—. Tu madre no dijo que sospecha eso de nosotros. Me equivoqué.

—¿Qué quieres decir? No entiendo nada. —Ahora sí que ya me sentía mareada—. Un momento... ¿dónde estás?

—Acá en la casa, te tengo en el parlante.

Inmediatamente entendí: mi madre lo obligó a llamarme y a negar lo que me había contado en la mañana. ¡Mi madre nos estaba escuchando para asegurarse de que Esteban la obedeciera!

—Pop, voy para allá —les avisé. Había que terminar con tanta tontería sin sentido.

Esa noche se convirtió en otra fecha que jamás olvidaré: viernes 21 de septiembre.

Llegué a Encino a eso de las diez de la noche. Me metí en la habitación de mi madre sin llamar a la puerta y le exigí:

—Mom, tenemos que hablar. Ahorita mismo.

Yo estaba tan contrariada que no lloraba. Estaba más enojada que triste. Esteban permanecía callado en el sofá de la recámara, mirándonos. Se podía leer el miedo en sus ojos. "¿Miedo a qué?", pensé por un segundo.

—OK, habla —me contestó mi madre tranquila, pero muy fría.

—Todo lo que está pasando son majaderías. Primero, jamás me acosté con Elena. No sé quién te dijo eso, ni de dónde te lo sacaste. Vamos ahorita mismo a su casa, la quiero confrontar delante de ti.

—No, no vamos. Elena ya está fuera de mi vida. No la quiero ver. Ella ya me confesó todo lo que necesitaba saber.

—Momma, es cierto que Elena me intentó besar hace más de dos años. Fue hace tanto que se me olvidó. Y fue sólo una vez, en su casa cuando estaba borracha, y yo me negué. Pero la perdoné inmediatamente por lo buena amiga que es contigo y lo mucho que quiere a toda la familia. Lo tomé como un error y además ella jamás lo volvió a intentar. ¡Jamás! Después, las dos lo olvidamos. Lo siento, Momma. —le expliqué. Era hora de no guardar ningún pequeño secreto por tonto que fuera. Esta noche la verdad tenía que ganar—. No sé si es eso a lo que se refiere Elena. Pero jamás sucedió nada más ni ella intentó nada más. Me respeta y te respeta mucho a ti, Momma. ¡Mucho!

Mi madre me miraba sin expresión alguna, como el juez que ya quiere dar martillazo al caso. Pero yo seguía intentando:

—Elena es tu mejor amiga. Sé que a veces me pone nerviosa

porque te hace demasiado la barba, pero la perdono porque sé que te adora. Sé que por eso lo hace. Ella es la primera en venir si te encuentras enferma, la primera en viajar hasta China si te sientes sola. Momma: no la condenes así ni me condenes a mí. Juro que no sucedió nada más allá de aquel intento de beso.

—Pues Elena no lo contó así —respondió mi madre, tajante—. Y aquí tengo quién te lo confirme.

Para mi sorpresa, la novia de Elena entró también en esa habitación sin oxígeno y comenzó a hablar porquerías de su pareja. ¡Mi madre se la había traído para la casa! Tras la pelea de la noche anterior ya no quería seguir viviendo con Elena y mi madre le había ofrecido que se quedara en Encino unos días.

—Ustedes no conocen de verdad a Elena, está obsesionada con tu madre, Chiquis —me intentó advertir la chava—. No me importa lo que esté pasando entre ustedes, pero Elena no es buena gente.

—Mira —le respondí sin rodeos—, yo a ti no te conozco, apenas hace tres meses que nos presentaron. Yo he visto cómo Elena ha sido una excelente amiga de mi madre todos estos años. No te creo nada.

Le advertí a mi madre que no debía escuchar a esta mujer ni confiar en sus palabras. Mi madre seguía con su actitud de juez aburrido.

—Mamá —le dije para terminar—, creo que te equivocas metiendo a esta mujer en tu casa, escuchando sus mentiras y dándole la espalda a tu mejor amiga y a tu hija. —Y sobre lo de Esteban, ahí mismo la encaré—: ¿Crees además que estoy acostándome con él también?

—No creo que estés acostándote con mi esposo, fue sólo una pregunta que le hice —me respondió. Los ojos de mi madre voltearon hacia Esteban, pero siguió dirigiéndose a mí—. Y si lo dejo

no será por eso. Lo voy a dejar porque es un mentiroso. Me miente.
Me juró que no te había llamado ni te había dicho nada de todo esto.

Esteban callaba. No parecía que se fuera a defender.

—Mira, Momma, no deberías dejarlo porque miente por tonterías, tal vez te tiene miedo. No es razón suficiente para pedirle
el divorcio.

Me dolía ver cómo lo trataba.

—No es eso. Los problemas que tenemos son asunto entre él y
yo, y no debería llamarte para contarte nada. Estoy cansada de su
shit.

Era obvio que no la iba a hacer entrar en razón. Esa noche
la conversación terminó de esta manera, con muchas preguntas
flotando en el aire. Pero al menos creí, inocentemente, que había
quedado claro que entre Esteban y yo no había nada. Si mi madre
dudaba de lo de Elena, pues que dudara. Ni modo. Me di por satisfecha y me fui.

Al día siguiente, todavía preocupadísima por tanto drama y
tanta mentira, decidí visitar a Pete Salgado en su casa. Después
de todo, él estuvo presente en esa conversación entre mi madre y
Elena.

—Pete, júrame que Elena dijo que se había acostado conmigo.

—No, Chiquis —me contestó muy apenado—. Elena jamás
dijo eso exactamente. Fue tu madre quien le dijo: "Ya sé lo que
te traes con Chiquis, sé lo que pasó". Elena comenzó a llorar y le
dijo que sólo fue una vez.

Rápido lo entendí: ¡mi madre pensó que Elena hablaba de
sexo, cuando ella se refería a ese estúpido beso! Mi madre, usando
su astucia, la dejó que confesara cualquier sentimiento que tuviera
por mí y dejó que ella solita se enredara.

Terrible malentendido que me iba a resultar imposible des-
enredar. Mi madre ya se había forjado su propia historia en la

cabeza. Se le hizo fácil pensar que yo me podía meter con una mujer porque seguro que se acordó de aquel pequeño episodio que tuve con Karla en la casa de Corona. Besos tontos en un sofá y que ahora me pasaban factura.

Y entre besos sí y besos no, la telaraña de los chismes y de los celos fue la que nos enredó a todos ese viernes de septiembre. De la manera más increíble nos enredó hasta más no poder. No sé si algún día lograré desenredarla del todo, o ya no importa. Lo que sí puedo hacer es pedir perdón. Eso todavía está en mis manos.

Puedo pedir perdón a mi mamá por no haberle contado lo del intento del beso de Elena a tiempo, cuando sucedió. Tal vez eso habría impedido que el chisme creciera tanto y llegara tan lejos.

Quiero pedir perdón también a Elena por el daño que todo esto le ocasionó. Por una tontería así, la dulce Elena perdió a su mejor amiga y casi pierde su carrera como diseñadora de joyas cuando mi madre le declaró la guerra abierta en Twitter. Muchos fueron los que dejaron de comprar sus piezas. Y yo sólo quiero decir: gracias Elena, porque amaste a mi madre con todo tu corazón y amaste a mis hermanitos con toda tu alma, y eso a mí no se me olvida. Pero, tal vez, muchos interpretaron mal tanto azúcar que nos diste.

Mi madre, el amor de mi vida.

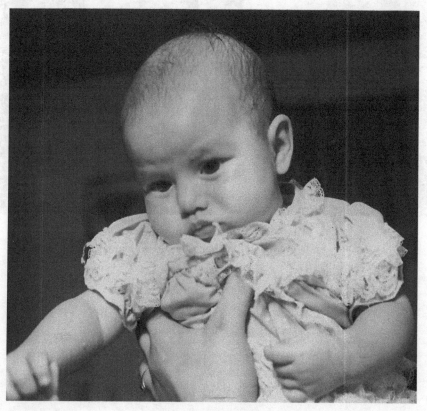

Yo de siete meses.

Mi abuelita, mi mamá, mi papá y yo
en la graduación de bachiller de mi mamá.

En mi fiesta cuando cumplí tres años.
La famosa van verde está detrás de mí.

Mi tía Rosie, tío Lupe, tío Juan y yo, cuando mi tío Juan cumplió nueve años. Él siempre me sentaba a su lado.

Mi mamá, mi tía Rosie y yo. ¡Adoro esta foto!

Mi familia, hace muchos años.

En una fiesta de Halloween con mi mamá, mi tía Rosie y mi abuelita. Esta foto es cuando mi mamá me cortó el pelo cortito y me puso a dieta. Jamás he vuelto a estar tan flaca.

El abrazo que jamás olvidaré.

Con mis hermanos,
mi fortaleza.

Mi madre divirtiéndose en Hawaii.

Con Jacob Yebale
mientras me maquillaba.
¡Mi *baby*!

Mi mamá y Johnny.

Mi dulce Luna y yo.

Mi mamá en su sitio favorito de la casa.
La última comida que cocinó para Johnny.

Mi mamá con todos sus hijos, su nieta Jaylah y mi cuñada, Drea, embarazada de Luna. El último Día de la Madre que celebramos con mi mamá.

Mi mamá y yo.

Mi mamá en la graduación de Jenicka.

Jenicka, Johnny y mi mamá divirtiéndose.

Mis fans maravillosos.

En el *baby shower* de Jenavieve.

Mi hermana preciosa y yo, recibiendo los trofeos
de mi madre en Premios Lo Nuestro.

Once upon a time...

...a sweet

little princess

was born...

Esta tarjeta me la dio mi mamá cuando cumplí veintiséis años.
Son palabras que siempre llevaré en mi corazón.

Dear Princess
Once upon a time a princess
was awaiting to be born and
come into the world to change
a young girl's life. Once upon
a time that girl wondered how
she would raise that princess,
lead her in the correct paths in life.
She wondered how the princess
would grow into a woman herself
and what kind of person she
would end up to be. Once upon
a time the mommy of the princess
would get cards like this one
welcoming her into the world.
16 years later I love how
the story has ended up.
The princess made the mommy a Queen. Thank you!

...and her family
loved her happily
ever after.

Congratulations
on Your Precious
New Daughter

Esta foto a mis dos añitos es una prueba de que siempre he tenido mucho estilo.

Simplemente yo ☺.

17.

EL DÍA EN QUE PERDÍ A MI MADRE

El día en que perdí a mi madre fue el 2 de octubre de 2012. Otra fecha más para mi calendario. Y para esta no hay tecla en el corazón que la pueda borrar.

Mi familia, sus fans, el mundo entero se despidió de Jenni Rivera el 9 de diciembre de ese mismo año, pero yo la perdí antes, en ese extraño martes, a principios de otoño. Fue en ese momento cuando empezaron mi dolor y mi luto. El pesar más grande que hasta hoy arrastro.

Recuerdo nuestro último encuentro con lujo de detalles. El reloj marcaba las nueve de la mañana. Quedamos de vernos tempranito en Long Beach, nuestro querido y viejo Long Beach. Mi madre me citó en el Bank of America donde teníamos una caja de seguridad registrada bajo mi nombre. Allí guardábamos dinero y documentos desde hacía varios años.

Llegué y la vi en su reluciente Mercedes gris. Mi tía Rosie estaba sentada junto a ella. Desde el viernes anterior, cuando estalló todo aquel enredo acerca de Elena y Esteban, no nos habíamos dirigido la palabra.

Estacioné al lado, y lo que jamás olvidaré es que yo estaba que me moría por dentro. No sabía cómo iba a reaccionar. Mi madre siempre se guardaba una carta bajo la manga cuando se enojaba con alguien, pero parecía tan feliz que me inspiró confianza. Su cabello y su maquillaje lucían maravillosos. Llevaba un vestido largo de color azul. No pude evitar decirle:

—*Wow*, Momma... ¡Te ves tan bella!

—¿De verdad, mija?

—Sí, te ves divina —le insistí con admiración.

Con su voz más dulce me respondió:

—Gracias. Tenemos una reunión después de esto, por eso tu tía Rosie vino conmigo.

Nos sentamos un minuto al entrar en el banco y le comenté que luego tenía que ir a un curso de actuación. Ella se mostró interesada:

—¡Oh, qué bien, mija! ¿Es tu primera clase? Ya sabes que yo siempre preferí que fueras actriz. El mundo de la cantada es a veces muy ingrato y muy sacrificado.

La conversación fluía, dando la sensación de que todo estaba bien. Mi dulce *mom* se veía serena, casi tierna. Mi corazón se llenó de esperanza. "Todo va a volver a la normalidad entre nosotras —pensaba yo—. Tal vez habló con quien tenía que hablar y el pinche chisme de viejas se aclaró". No había nada que yo deseara más en este mundo.

Una vez estampé mi firma en el documento, un asistente del banco abrió la caja en nuestra presencia. Sacamos todo el dinero y los papeles que contenía, y metimos parte en el bolso de mi madre y lo que no cupo en el mío. Al terminar, me dirigí al baño, pero antes, le pedí que me aguantara mi bolsa. No fuera a pensar que me quería clavar algo.

Cuando salí, mi madre se había ido al carro con Rosie. Me

esperaban sentadas dentro. Mi madre me devolvió mi bolso ya vacío, y sin perder más tiempo me dijo:

—OK, mija, hablamos luego.

Yo me subí a mi carro y nos despedimos con la mano a través de los vidrios. Esa es la última imagen que guardo de mi madre sonriéndome y mirándome. Jamás me volvió a mirar a los ojos. Jamás la volví a ver dirigiéndome una sonrisa.

El carro gris salió despacio por el parqueadero y se perdió entre el tráfico de la ciudad que nos vio crecer como madre e hija, casi como hermanas.

Yo, lejos de imaginar la que se me avecinaba, me sentía dichosa porque todo había ido bien, sin malas vibras, y mi madre me había vuelto a hablar.

Esa misma noche fui a cenar a Corky's con mi amiga Dayanna. Quería contarle lo emocionada que estaba tras el encuentro con mi Momma. Nos sentaron en un *booth* y apenitas había pedido una Coca-Cola, sonó mi teléfono: bip-bip. Me acababa de llegar un correo de mi madre que se titulaba "Lights On", se acabó el *show*.

En esas diez líneas, pulcramente redactadas, me acusaba oficialmente de haberme metido en la cama con su esposo y me decía que ella lo sabía a ciencia cierta. Describía cómo y dónde tuvimos nuestro encuentro, con todo detalle: el jueves anterior, después de regresar del cine, en el clóset de su recámara, mientras ella se había ido a platicar con la novia de Elena. Con letras mayúsculas me dejó saber que, obviamente, yo estaba fuera de su vida para siempre. No pude terminar de leerlo. Estrellé el teléfono contra la mesa y me puse a llorar. Lo que comenzó como un chisme entre viejas babosas estaba convirtiéndose en algo mucho peor. ¡En algo monstruoso!

—*Sister*, ¿estás bien? —me preguntó Dayanna, atónita.

—No... No sé. Mi madre se volvió loca, no entiendo nada, sácame de aquí, por favor.

Dejamos un billete de veinte y salimos a toda velocidad.

Desde ese día, cuando manejo por esa calle y veo el restaurante, mi estómago se retuerce. Me duele hasta el alma.

Del restaurante fuimos directo a la casa de Encino. Tantas ofensas y tanto dolor tenían que solucionarse cara a cara. Pero al llegar descubrí, muy para mi sorpresa, que habían cambiado los códigos, las llaves y que nadie me contestaba en el portero automático. Me hinqué de rodillas en medio de la rampa, junto a la barda de hierro. Lloré, temblé y sollocé. ¿Qué estaba pasando? Era la pesadilla más retorcida que una hija pudiera imaginar.

Llamé a mi hermana Jenicka. No me respondió. ¡Mis hermanos ya estaban avisados y seguro que mi madre les había ordenado que no me hablaran! Por fin, Jacqie me tomó la llamada y le pregunté:

—Jacqie: ¿tú sabías esto?

—Sí, *sister*. He estado orando desde ayer. No sabía qué hacer.

Justo el día anterior, Jacqie y yo habíamos pasado horas juntas buscando un vestido para la quinceañera de Jenicka. Horas de compras como buenas hermanas y amigas, platicando y riendo.

—¿Cómo no me dijiste nada? ¿Pero tú verdaderamente crees que yo hice eso?

Su respuesta me mató de nuevo. Fue otra puñalada directa a mi estómago:

—Sí, *sister*, sí lo creo.

—¿¿Qué?? —grité. No pude seguir. Me sentía tan enojada y confundida que le colgué.

Si mi hermana creía que yo era capaz de esas cochinadas, ¡que se fuera a la chingada! La clave era encontrar a mi madre y hablar directamente con ella. Ella era la única que podía sacarme de este calvario.

Le pedí a Dayanna que me llevara a casa de mi abuela en Lakewood. Tarde o temprano mi madre pasaría por allá para recoger a Jenicka.

Benditos *freeways* de Los Ángeles. Me pareció una eternidad y media, pero al final llegamos a la calle de mi abuela y nos estacionamos en la esquina. Desde ahí le marqué a mi tía Rosie. No quería entrar a la casa y alarmar a mi abuelita Rosa con semejante drama. Rosie contestó a la primera, pero me pidió que le diera tiempo a mi madre, que no era prudente verla ahora. Obvio que ella ya sabía todo. Obvio que ella también le había entrado al teatrito que mi madre me hizo en el banco ese mismo día, pretendiendo que todo estaba bien.

Desde la esquina vi pasar el Mercedes gris. Gris frío. Ya no brillaba como en la mañana. No nos atrevimos a seguirlo. Mi madre había dejado muy claro que no quería hablarme, ni mucho menos verme. Estacionó frente a la puerta, y como un rayo entró, y salió con Jenicka de la mano. Se fue sin ni siquiera verme y sin darme al menos un segundo para abrazarla, como a mí me hubiera gustado. ¡Jamás! Y para decirle que Esteban nunca me había mirado con otros ojos que no fueran los de un buen padrastro. ¡Jamás de los jamases!

Esa misma noche mi madre cambió su número de teléfono, cambió su *e-mail*. Pero antes me escribió otra ronda de cosas horribles. Palabras que tampoco he podido borrar de mi computadora ni de mi corazón y que todavía me persiguen en mis sueños. Por un instante pensé en llamar a Esteban. Él tenía que estar en la misma situación que yo o mucho peor. Seguro me comprendería.

Mi tía Rosie me había contado que, desde la pelea que tuvimos todos contra todos el viernes en la casa, Esteban se había ido a pasar unos días a San Diego, con sus padres, hasta que se calmaran los aires.

Dayanna me agarró del brazo y me detuvo antes de que marcara con mi celular:

—No empeores las cosas, Chiquis —me dijo con todo su cariño de buena amiga. Y tenía razón. Hablar con Esteban sólo lograría que mi madre se enojara más.

Pobre Esteban. Yo, más que nadie, sabía cuánto amaba a mi Momma. Pero el miedo me impidió hablarle. Mejor ni moverle. Era un hombre inteligente. Confié en que sabría defenderse solito.

Entre tanto temor y tanta angustia, lo único que me quedó claro ese martes 2 de octubre, antes de cerrar los ojos y quedarme dormida, agotada por el drama, era que Esteban había perdido al amor de su vida, y yo al mío. Así se quiere a una madre con la que te unen tantas historias: como se quiere a un gran amor. El más grande.

Al despertar al día siguiente, la primera información que me llegó fue de Tere, la secretaria de mi mamá. La junta a la que mi madre me dijo que iría después de verme en el banco era ni más ni menos que con Esteban. Una junta muy planeada, tal como la mía.

Esa misma tarde del 2 de octubre, Jenni Rivera, con su bello vestido azul y su mejor maquillaje, tras despedirse de mí en Long Beach, manejó hasta San Diego y en persona frente a toda la familia Loaiza, le entregó los papeles del divorcio al hombre que, hasta hacía escasos días, había sido el marido perfecto. O casi perfecto. A Esteban le presentaron su divorcio ese día y a mí también. El divorcio entre madre e hija.

Todo calculado, como le gustaba a mi madre, para no perder tiempo y no dejar que nos defendiéramos. Con esto en mente, me preparé para lo que faltaba por caer. Estaba segura de que mi madre sacaría más sorpresas amargas de su chistera. Así era ella: entregada, fiel, generosa, divertida, cariñosa, pero también implacable, calculadora, imparable y determinada. Nada la detenía una vez que iniciaba una de sus venganzas.

La primera de esas sorpresas nos llegó esa misma tarde, tempranito. En su *show* de radio semanal, *Contacto Directo con Jenni Rivera*, mi madre anunció sin drama alguno y guardando la calma, que había interpuesto el divorcio con Esteban y que no explicaría detalles ni razones porque eran tan horribles que no quería herir a mi abuelita Rosa, que tanto adoraba a su yerno.

Con ese anuncio, la mecha de la bomba se prendió; ya nada la iba a apagar. Aunque la peor bomba en los medios todavía estaba por detonar. La bomba que me despedazaría a mí también.

Entre tanta noticia explosiva casi se me olvidó que era 3 de octubre: ¡el cumpleaños de Jenicka! Esa misma noche le tenían planeada una pequeña reunión. Me dije: "Tienes que ir, se lo debes a tu hermana". En un arrebato de inocencia hasta imaginé que tal vez mi madre no le había contado a nadie más fuera de la familia sus horribles sospechas sobre Esteban y yo, y que tal vez podría disfrutar del cumpleaños como una invitada más.

La cita era en un *bowling* de Studio City después del *show* de radio.

Yo llegué sola, con la mejor cara que pude. Recuerdo que entré en el lugar y toda la familia se veía súper feliz y más unida que nunca.

Mi madre no me saludó. Sus amigas me ignoraron como a una sombra. Era más que obvio que ya todos sabían. Intenté mantenerme en pie, aunque me mareaba. Me sentía horrible, monstruosa, pero me prometí ser fuerte por Jenicka.

Jacqie parecía ser la única hermana presente. Mi madre y Jenicka sólo le hablaban a ella. Llegué a pensar que Jacqie disfrutaba con mis momentos de angustia, feliz de acaparar toda la atención de mi madre. Tal vez me equivoco. Amo a Jacqie, pero en ese instante toda clase de sentimientos extraños se apoderaron de mí. Me sentía como la niña a la que todos arrinconan en la clase, y a la que le arrebataron el trono. La indeseable. La apestosa.

Lógicamente, ese no era el momento de ponerse a alegar ni a exigir justicia, así que decidí abandonar la fiesta tempranito, con una sonrisa educada y un adiós que nadie pareció oír. Pero al menos pude darle su abrazo a mi Jenicka y desearle *happy birthday*. Por ella valió la pena tanta humillación.

Tres días después me tocó de nuevo enfrentarme al desprecio y al rechazo. Esa vez tampoco tenía escapatoria. El 6 de octubre se celebraba la quinceañera tan esperada. Jenicka iba a ser la primera de las hermanas en tener una verdadera fiesta de quince, como todas habíamos soñado. Yo no podía faltar. Además, mi dulce Jenicka no era consciente todavía de todo el drama familiar. Sólo le contaron que *mom* y Chiquis estaban enojadas. Nada más.

Ese sábado desperté y me armé de valor. Me puse una falda dorada con un *blazer* salmón, color oficial de la fiesta. No me sentía de humor para ponerme un vestido de gala. Y así, enfundada en tonos tan dulces, me dirigí yo sola al matadero. O al patíbulo, según se mire.

¡Me sentía tan pequeña y tan vulnerable! Un peso enorme me estrujaba el pecho. Mis rodillas temblaban y quería darme la vuelta. ¿Cómo había pasado de ser la mano derecha de mi madre a ser la más odiada por todo el clan?

Entré en el hotel donde estaba a punto de comenzar la ceremonia. Por órdenes directas de mi madre, se me prohibió llevar invitados, e incluso a algunos de mis amigos se les retiró la invitación a través de un cortante *e-mail* la noche anterior.

En cuanto entré, Vanessa, una de las amigas más cercanas de mi madre, me miró con tanto odio que creí que me iba a estrangular. Otra gente que siempre me saludaba me ignoró completamente.

Mi madre llegó por otra puerta, también sola, en su nuevo

papel de recién separada, y se sentó al frente. Nadie le preguntó por su querido esposo. Amistades y conocidos parecían bien informados del nuevo orden familiar. A estas alturas, ya todos sabrían que yo también llevaba la marca en la frente.

Aún con esta tensión en el aire, me vi obligada a sentarme junto a mi madre, como se había planeado en los ensayos. Juntas, pero tan lejos la una de la otra. Silla con silla, pero con millas de distancia entre nuestros dos corazones.

La ceremonia comenzó y pronto llegó el momento en el que tuve que levantarme y caminar por el pasillo, bajo las miradas de todos. Prometí que daría el discurso celebrando el paso de niña a mujer y le colocaría la corona a Jenicka. ¡Para mí significaba tanto! Pasé días preparando las palabras que diría a mi dulce hermanita. Era su gran momento.

Cuando llegué junto a Jenicka me quedé pasmada. Congelada. Me imaginaba que en cuanto soltara palabra se reirían de mí cruelmente, que todos estaban del lado de mi madre. ¡Todos con la gran Jenni! Ella era la del dinero y la del poder. Resultaba más conveniente darle la razón a la gran Diva y odiarme a mí, aun sin saber los detalles. ¡Me sentí tan traicionada por todos!

A pesar del terror que me dominaba, me las arreglé para romper mi silencio y decir algunas palabras. No logré recordar el discurso que había memorizado, así que improvisé unos buenos deseos de amor y cariño para mi *sister* y, bien que mal, uno de los momentos más angustiosos de mi vida pasó rápido. Me di la vuelta y regresé a mi silla. La cara me ardía. Mi madre permanecía a dos pasos de mí, en la misma fila, pero jamás giró la cabeza. No me dirigió ni la más mínima mirada. Era lo mismo que estar sentada junto a un témpano de hielo, junto a un robot de acero. Ningún sentimiento emanaba de ella. Eso me hundía más y más en ese banco de las torturas.

Los únicos que me hablaron y se sentaron conmigo el resto de la noche durante la cena y el baile, fueron mi tío Juan y su esposa Brenda. Juan insistía en que debían darme la oportunidad de explicar mi versión de la historia. Mi tío fue el único que tuvo huevos para oponerse a los deseos de mi madre y a pedirle que se calmara.

—No me estoy poniendo de parte de nadie —le intentó aclarar—. Sólo quiero que ustedes arreglen sus problemas.

Sus palabras cayeron en saco roto. Nadie lo escuchó entre la música y las risas.

La noche casi llegaba a su fin, y mi madre se fue a cambiar de vestido. A su regreso al salón, sólo quedaban tres o cuatro de sus comadres. Se sentó con ellas y sirvió una ronda de *shots* para todas. Tras apurar su copa, estalló en carcajadas. Conozco esa risa. Estaba actuando. Su risa verdadera era alegre y pícara. Hasta el día de hoy la oigo en mi corazón. Esa última carcajada que le escuché era la típica que aventaba cuando estaba emputada y quería disimular.

"Nada que hacer aquí", pensé. Me di la vuelta y me marché.

Afuera, en las escaleras del hotel, la noche refrescaba. Ya pronto sería Halloween y el otoño se dejaba sentir. "Otoño en mi cabeza", me dije mientras esperaba a que trajeran mi auto.

Mi tío Juan se acercó y me dio un abrazo. Él también se retiraba. Justo entonces, el Mercedes gris pasó por delante de nosotros. Mi madre iba al volante, con la mirada fija al frente, y Johnny y Jenicka con ella. Ninguno volteó a mirarme. Ninguno.

Esa fue la última vez que vi a mi madre con vida. La noche del 6 de octubre. Su vestido color salmón, el color que Jenicka eligió para su fiesta, está ahora expuesto en el museo de los Grammy. Allí lo entregamos meses después, toda la familia, en una pequeña ceremonia en su honor. ¡Quién me lo iba a decir! El último vestido con el que la vi caminar, bailar y brindar.

Al día siguiente, ya terminada la pesadilla de la quinceañera, recibí otro de sus aplastantes mensajes, a través de un familiar: que no me acercara más a la casa, que pondría una orden de restricción en mi contra, que no se me permitía volver a ver a Jenicka ni a Johnny, ni siquiera a Mikey.

Desesperada, recurrí a Twitter. ¿Cómo más la podía contactar? No tenía sus nuevos números. *Please, Momma, escúchame, te amo, necesito que me escuches.* Le envié mis súplicas por mensaje personal, por supuesto. Y por supuesto, nadie respondió.

Twitter. Facebook. La televisión. El dolor en privado estaba a punto de convertirse en público. Ahora no sólo mi madre y mi familia me iban a odiar. Ahora me iba a odiar el mundo entero. "Buena suerte, Chiquis. Superaste lo de tu padre, podrás con esto", me decía a mí misma para darme ánimos. Sabía la que me esperaba: los comentarios, las críticas y el escarnio. Lo enfrentaría con dignidad, tal como lo había hecho antes. Además, no me quedaba de otra.

Bueno... me quedaba entender cómo mi madre había llegado a la extraña conclusión de que Esteban y yo la engañábamos. Podía comprender la pendejada de Elena, el besito, los piropos y los celos de esa novia payasa, pero ¿lo de Esteban? ¿Quién y cómo se había inventado el chisme más cochino del mundo? Tenía que encontrar esa respuesta...

18.
QUIEN BIEN TE QUIERE

—Yo me puse a orar con tu tía Ramona y le pedí mucho a Dios que me diera una señal —me contaba mi abuelita por teléfono—, y yo sé que no lo hiciste, porque yo siento mucha paz en mi corazón. Esa es la señal. Nomás dale tiempo a tu madre, mija.

Mi abuelita Rosa era de las pocas que no creía lo que contaban por ahí. Es una mujer tanto de instintos como de fe, y ambos le indicaban que Esteban no era capaz de algo así, ni yo tampoco.

—Pero, ¿por qué no le dicen ustedes a mi madre que está mal? —le supliqué.

—Porque no quiere que le hablemos del tema. Se pone como una fiera. Tú sabes cómo es tu mamá. —Mi abuelita rompió en llanto.

La calmé y le prometí que la iría a ver muy prontito. Aunque lo cierto es que yo no tenía valor ni para salir de mi apartamento. ¿Para qué? Hablar con cualquier Rivera sólo me hacía más daño. Algunos ya ni me dirigían la palabra.

Rosie todavía me llamaba de vez en cuando, pero jugaba más a ser la buena hermana que la buena tía. Sus palabras me servían de consuelo, pero de lejitos. Mi tía Rosie tomó el rol de árbitro en esta final entre madre e hija, aunque siempre con temor.

"O estás conmigo o contra mí", la llegó a amenazar mi madre. Rosie caminaba sobre cáscaras de huevo y yo lo sabía. Con mi madre todo era blanco o negro. No existían medias tintas.

—No, Chiquis, no siento que tú hayas hecho semejante cosa. Mi corazón me dice que no, pero comprende mi situación. Es mi hermana, una de las personas que más amo en esta vida. —Con sus palabras mi tía me dejó claro que no me condenaba, pero que tampoco me iba a tirar un salvavidas para rescatarme.

Y yo me ahogaba. Lento. Muy lento. Me ahogaba sola, encerrada en ese garachito.

Mi tío Lupe, que por aquellos días andaba peleado con mi madre y no se hablaba con ella, me aconsejó que luchara por mi inocencia y que le contara a los medios mi versión.

—No, tío. Estás loco —le contesté—. El mundo no sabe que mi madre me acusa de meterme con su esposo. Sólo sabe que se divorcia y nada más. ¡Contarlo sería un suicidio!

—Pues tú verás, Chiquis, pero conociendo a tu madre, acá todo se va a saber tarde o temprano.

Mi tío Lupe dudaba, pero para mí estaba claro: salir a la luz con todo esto era veneno mortal. Veneno que alguien más se iba a encargar de suministrarme.

Una mañana, decidida a agotar todas mis posibilidades, fui a ver a mi tío Pete a su oficina de la calle Market, en mi viejo Long Beach. Allí me esperaba con Rosie.

—Usemos un detector de mentiras —sugirió mi tío. La verdad es que muchos de los Rivera estaban desesperados y no veían cómo curar este cáncer que estaba carcomiendo a toda la familia.

—¿Estás dispuesta a someterte al detector? —me preguntó—. Yo mismo buscaré al experto y pagaré los gastos.

—Sí, acepto. Dile a mi madre que nos envíe por *e-mail* las preguntas que ella quiera y las contestaré ante la máquina y ante ustedes —le respondí sin titubear—. El que nada debe, nada teme.

En unos minutos, en lugar de un *e-mail* con las preguntas de mi madre, lo que recibimos fue un texto en el teléfono de mi tío Pete: DILE QUE YA NO TIENE MADRE. QUE ME OLVIDE. Y SI TÚ, PETE, QUIERES CREERLE, CRÉELE A ELLA. NO NECESITO MÁS FAMILIA NI DETECTOR DE MENTIRAS.

Con lágrimas en los ojos, Rosie me dijo:

—Me da miedo admitirlo, pero creo que mi hermana se volvió loca. Me acaba de pedir que te aviente la Biblia a la cara y te diga que si no aceptas lo que hiciste, jamás vas a gozar de las bendiciones de Dios en esta vida.

—Pero, ¿cómo voy a admitir algo que no hice? ¡Eso sí es pecar! ¡Eso es mentir ante Dios!

—*I know*, Chiquis. No sé qué hacer. No la quiero perder.

—No podría vivir sin mi hermana. Aquel día en el que no me habló fue devastador. Y eso que sólo fue un día.

—¿Y qué hay de mí? ¿Yo sí tengo que vivir sin mi mamá y mis hermanos por el resto de mi vida?

—Lo sé, *baby*, lo siento mucho. Estoy segura de que el tiempo curará esta herida. Te ruego que tengas paciencia.

Jamás olvidaré ese momento entre mi tía y yo. Un momento agridulce. Sentí todo su amor y sus ganas de protegerme, pero también sentí que me abandonaba a mi suerte. Que no iba a luchar por mí como yo lo hice, después de todo lo que habíamos vivido juntas y de que testifiqué a petición de ella y de mi madre, en contra de mi propio padre para darles la paz y justicia que yo ahora necesitaba. Me sentí defraudada y muy sola.

Ahí me di cuenta de que jamás ganaría esta batalla con la ayuda de ningún Rivera. Todos descartados. Ya me cayó el veinte.

Salí de la oficina de mi tío Pete con las ideas más claras. Nadie iba a morder la mano que les daba de comer. Y es que no los culpo. Jenni Rivera les financiaba todo. Yo fui testigo de las donaciones que mi madre entregaba mensualmente a mi tío Pete para su Iglesia, de la cual mi tía Rosie también era parte. Sobres con veinte, cuarenta o sesenta mil dólares que, en algunas ocasiones, me tocó llevar a mí en persona. Mi madre, como buena hija, se encargaba de los gastos de mi abuelita, y así con todos. No los critico, pero eso construye una relación complicada. Ya no es sólo tu hermana. Es tu jefa. Yo no podía competir con la jefa.

El único al que parecía que su jefa no lo asustaba mucho, insisto, fue mi tío Juan, pero poco podía lograr él solito. Juan me pidió que me olvidara y que mejor caminara pa'lante, y que no esperara nada de nadie.

—Chiquis, esta es la situación. —Juan intentó abrirme los ojos esa misma noche—: Tu tío Pete cree que sí engañaste a tu madre con Esteban; que lo pudo asegurar nada más verte a la cara esta mañana en su oficina. No pierdas tu tiempo con más visitas a Pete.

La tristeza me invadió hasta la médula. ¿Esos eran los juicios de un hombre de Dios? ¿De un pastor? Mi tío Pete, con esas palabras, me lanzó aquellas piedras que los fariseos no se atrevieron a arrojar a María Magdalena. Me condenó, cual prostituta, en veinte segundos. Desafortunadamente, yo no tuve ningún Jesús presente que dibujara una raya en el suelo.

Aun así, quiero mucho a mi tío Pete y sé que es un buen hombre. Se dejó llevar por las circunstancias, como muchos otros en esos días de locura contagiosa. Con el tiempo se sentó a escucharme y logró entender que yo estaba libre de ese terrible pecado.

Pero en aquel mes de octubre no hubo ni Jesús ni consuelo para mí. La siguiente pedrada que me cayó en la cabeza me la aventó mi madre directamente, pero no me hizo daño porque jamás me importó el dinero.

Fue el 12 de octubre. Día de la raza. Día de la desheredada.

El trámite legal de excluirme del testamento de mi madre quedó finalizado con una simple enmienda al documento original que había escrito hacía varios años.

Te excluyo para asegurarme de que si algo me llegara a suceder, no recibas ni un centavo después de mi muerte. Esas fueron las palabras que mi madre me hizo llegar por medio de mi tía Rosie.

Era más que obvio que esa bala iba dirigida a mi novio. Como mi madre lo creía todo un mafioso, y sabía cuanto me amaba, seguro que se le cruzó por la cabeza que podría ser capaz de cualquier cosa para defenderme de semejante humillación. "Mi madre se ha vuelto loca", pensé en ese momento. No encontraba otra explicación.

Ante tal panorama comencé a olvidarme de los Rivera, y ellos de mí. Dicho y hecho. En las siguientes semanas, mi tío Pete dejó de contestarme los textos. Entendido. Rosie distanció sus llamadas. Mensaje recibido. Chiquis quedó excluida oficialmente. Chiquis al olvido.

Lo más triste de esta enrevesada historia es que todos tenían terror a perder a su hermana, y por eso no movieron ni un dedo por ayudarme. Y dos meses después todos la perdimos, y para siempre. La perdieron ellos y la perdí yo.

A veces me pregunto si Dios nos envía lecciones ocultas y no nos da tiempo de entenderlas hasta que ya es demasiado tarde.

Una vez resignada a que mis tíos no me abrirían la puerta de regreso a Encino ni de regreso al corazón de mi madre, me tiré en la cama de mi apartamentito y no me levanté en muchos días. Caí en una depresión profunda. Llevaba siglos sin hablar con mis hermanitos pequeños. Mikey venía a verme a escondidas, con su novia, pero siempre con el temor de que lo descubrieran. De mi querida Jacqie, ni rastro. Ella fue mi desilusión más grande. Jacqie tenía veintitrés años, era una mujer adulta y casada, que bien podía tomar sus propias decisiones y venir a cuidarme o a consolarme si así lo hubiese querido. Pero no lo hizo. Yo, aunque ella me confesara que mató a alguien o que cometió el peor de los crímenes, la abrazaría y no la apartaría de mi lado.

Jacqie me cerró la puerta en las narices. A mí, que era la hermana que siempre la había sacado de problemas en la escuela o que le había salvado mil veces el trasero en casa. Sin ir más lejos, cuando salió embarazada fui yo quien la ayudó a darle la noticia a mi madre. Si había que dar la cara por Jacqie, yo siempre la daba. Yo habría dado la cara y la vida por ella, si hubiera sido necesario.

En cambio, Jacqie decidió ponerse totalmente del lado de mi madre y disfrutar su momento de hermana mayor.

Jacqie y Jenni, el nuevo dúo inseparable. Confieso que sentí muchos celos. No lo pude evitar. La diferencia es que Dios me dio la oportunidad de recuperar a mi Jacqie y de recuperar su confianza. Por mi parte, ella recuperó todo mi amor. Con mi madre, en cambio, el destino nos la tenía guardada.

Una tarde, entre los celos y la soledad que habían invadido mi vida, sentí que toqué fondo. De repente me acordé de las dos armas que tengo desde que nos entraron a robar en Corona. Mi madre se asustó tanto que insistió en que aprendiera a disparar y me sacara los permisos. Ella misma me las compró y escondió una en cada extremo de la casa. Le angustiaba dejarnos solos en medio de una montaña, y sin vecinos cerca. Ahora la angustiada era yo, de saber que esas pistolas las tenía a mi alcance, y le confesé a Dayanna que estaba pensando puras tonterías. Me estaba volviendo loca y ya no quería vivir. Mis amigos, mi único apoyo durante esas semanas, además de mi novio, revolvieron toda la recámara hasta que encontraron las dos pistolas y me las quitaron. Estaban tan asustados que no me dejaban sola ni un minuto. ¡Mucho menos con armas alrededor! Esa fue la primera vez en mi vida que me cruzó por la mente algo así. A pesar de todo lo que he vivido, esta fue la única vez que pensé que muerta estaría mejor.

¡Happy Halloween! Esas fueron mis noches de terror de octubre. Y el verdadero *trick or treat* me llegó por medio de una revista. Pero fue más *trick* que *treat*.

Hasta entonces, el mundo permanecía ajeno a mi drama, mi destierro y mi depresión. *Jenni Rivera no hablará de los verdaderos motivos por los que se divorcia*, rezaban todos los titulares desde que se había anunciado su separación de Esteban.

"Hmm. Mi madre se está comportando con discreción ante los medios", pensaba.

La discreción duró apenitas veinte días. Exactamente hasta el 23 de octubre, cuando "alguien" filtró el verdadero drama familiar a la revista *TVNotas* y, como dicen en inglés *"the shit hit the fan"*, la mierda se estrelló contra el ventilador. Y de ahí todos salimos salpicados.

Según la revista, Jenni pedía el divorcio porque había cachado a Esteban robándole dinero y lo había cachado teniendo relaciones con su hija: ¡yo! Cuando leí estas líneas en internet sentí el veneno mortal entrar por mis venas. "Ya estuvo. Ahora empieza mi verdadera agonía", pensé. Intenté darme ánimos, pero no encontré cómo.

La publicación citaba a una misteriosa fuente cercana a mi madre, o sea, que una de esas voces tóxicas que la rodeaban todo el tiempo les había contado que Esteban tenía problemas

financieros y que mi madre se había dado cuenta de que le faltaban cantidades de dinero y había instalado una cámara para ver si
era él quien le estaba robando. Y cuál fue su sorpresa al descubrir
en el video a Esteban llevándose la lana, y luego al vernos a él y a
mí saliendo en actitud sospechosa de la recámara, acomodándonos
la ropa. ¡Por el amor de Dios! ¡Qué acusaciones tan descabelladas
y horrendas!

¿Esa supuesta grabación se refería a la noche que nos quedamos solos con los niños después del cine? ¡Qué absurdo! ¡Si sólo
entré un minuto a su recámara para despedirme! ¡Si tenía pruebas de que había pasado todo el tiempo sentada en las malditas
escaleras platicando con mi tío y con mi novio en el teléfono!

¿Y quién? ¿Quién pudo haber dicho todas esas cosas a
TVNotas? Si mi madre quería guardar silencio, y así lo había
proclamado en su única entrevista que dio a los medios sobre su
divorcio, alguien se la chingó y dio el pitazo. Así de clarito. A no
ser que a mi madre, en el fondo, no le importara tanto guardar el
secreto...

Yo tengo más o menos idea de quién pudo abrir la boca. Lo que
no me queda claro es qué más ganaba esta persona haciéndolo.
El fantasma de Elena me perseguía otra vez. ¡Pinches chismes de
viejas!

Inmediatamente, mi celular comenzó a sonar y a vibrar como
loco: tuits, mensajes, textos, *e-mails*... no dejaban de entrar
por docenas... Mis correos y las redes sociales se inundaron en
cuestión de minutos de los más horribles insultos que jamás he
leído ni leeré (porque ahora los borro sin más). *Pinche puta. ¿Cómo
le hiciste esto a Jenni? Ojalá que te mueras*. Este es el más suavecito que recuerdo.

Al principio, cometí el error de contestar a unos cuantos. Pensé
que era lo justo. Me defendí. Pero pronto entendí que era inútil.

Mis palabras sólo incendiaban más los ánimos. Le paré totalmente. ¡Qué sentimiento de impotencia escuchar todas esas atrocidades y no poder gritarle al mundo mi inocencia!

Pero dejando tuiteros groseros y *haters* a un lado, mi más inmediata preocupación era mi madre. No tardaría en responder. ¿Desmentiría esas declaraciones o saldría con toda la artillería para darme el tiro de gracia?

Los que ya habían sacado hasta el lanzamisiles eran los paparazzi. Empezaron a seguirme por todos los lados. Se apostaban por horas en la puerta de mi salón.

—Si ellos te pueden encontrar, algún fanático loco también. ¡Cualquiera te puede seguir a casa una noche y quién sabe con qué intenciones! —me dijo Iris Corral, mi publicista.

Iris estaba verdaderamente alarmada. Como profesional, jamás se había enfrentado a un *bullying* tan agresivo. Los mensajes de *ojalá te mueras* o *mereces la muerte* no nos los tomamos a la ligera ni ella ni yo.

Me aconsejó que no fuera al salón por unos días. Tampoco estaba yo de ánimos para trabajar, aunque era y es mi negocio y lo manejo personalmente.

Gracias a mi fabuloso equipo dirigido por la mánager al mando, el salón se abría y funcionaba como de costumbre, sólo que con una nube de fotógrafos en la banqueta.

Iris, en esos días, se convirtió en mi amiga inseparable e incondicional. Yo ya estaba acostumbrada a enfrentar al público, siendo la hija de la Diva, pero esta vez era diferente. Sola no podría. Necesitaba a alguien que me ayudara a lidiar con un odio tan jarocho y, cómo no, con los medios.

Obviamente, todos los canales querían mi entrevista, pero para humillarme, no para escucharme. Todos querían un pedazo de mí para mostrarlo como trofeo: ¡aquí está la indeseable!

Por eso decidimos que lo mejor sería dar una sola entrevista. Una entrevista que nosotras elegiríamos y donde yo me sintiera respetada. No pondríamos condiciones. Sería juego limpio, pero exigiríamos respeto y libertad para decir lo que se tenía que decir. A esas alturas todos los medios estaban totalmente del lado de mi madre, aunque ella guardaba silencio. Ningún periodista la quería ofender. Necesitaban sus exclusivas para subir los niveles de audiencia, y ella lo sabía.

Iris y yo elegimos Telemundo por mi buena relación con Mun2, y a Azucena Cierco porque siempre se portó dulce y correcta conmigo y con mi familia.

La entrevista se pactó para la última semana de octubre. Sería acá, en Los Ángeles. Me aterrorizaba pensar cómo reaccionaría mi madre, pero, por otro lado, albergaba la esperanza de que si me veía en la tele, su corazón se ablandaría y me daría la oportunidad de hablar con ella en privado. Era mi manera de llorarle y de rogarle: "*Please*, Momma, escúchame".

Llegamos al hotel, y Telemundo ya tenía todo preparado. Azucena y yo oramos antes de iniciar y le advertí: "Voy a decir todo lo que me dicte mi corazón". Y eso fue lo que hice. No hubo guión, no hubo preguntas preparadas.

Mi familia se molestó muchísimo. No les avisé, así que les cayó de sorpresa y como jarro de agua fría. Pero a este punto ya no me importaba. Ya me habían dado la espalda oficialmente hacía tiempo. ¿Qué más tenía que perder?

De hecho, supe que tuvieron una reunión con mi madre donde la escucharon en grupo para conocer sus razones y consideré que era justo que a mi me dieran la misma chanza. *Oh, well...* no quisieron. Me negaron dicha junta familiar.

"Que esta entrevista les sirva también a ellos para escuchar mis palabras", pensé sin dudarlo.

Los únicos dispuestos a darme la oportunidad de defenderme eran mi abuelito y mi abuelita. Y por supuesto, mi tío Juan.

Cuando me senté en esa silla frente a Azucena, sólo podía pensar en mis hermanitos, especialmente en Johnny. Me contaron que mi madre hablaba del problema delante de ellos con pelos y señales, y que Johnny ya odiaba a Esteban a muerte. Mi *baby* debía de estar muy confundido. ¡Esteban había sido su héroe hasta apenas dos semanas atrás! ¿Me odiaría a mí también? ¡Qué angustia, Dios mío!

—¡*And rolling!* —ordenó el productor junto a la cámara. Azucena fue muy cuidadosa con mis emociones, y me dejó hablar con libertad. En mi mente tenía muy claro a quién me estaba dirigiendo: a mi madre, a mis tíos, pero sobre todo a mis niños. "Estas palabras son para ustedes, que tanto los extraño—pensé—. Escuchen lo que no me dejaron decirles en persona: yo no hice esas cosas terribles".

La media hora pasó rápida en mi cabeza. Ya está. Lo logré. Enfrenté al mundo, a los Rivera y a mi madre a través de esos lentes. Les dije que yo no me había acostado con Esteban y que no entendía de dónde había salido semejante acusación. Les dije que mi madre y yo estábamos pasando por un bache pero que todo se iba a arreglar pronto, en cuanto pudiéramos hablar cara a cara. Le pedí a mi madre que me diera esa oportunidad de platicarlo en persona. Le dije que la amaba y que siempre la amaría. Y le di las gracias a Azucena y a Iris por haberme dado el valor para estar ahí y decir lo que sentía. Aunque en el fondo dudaba de que mis palabras llegaran a buen puerto. ¿Las escucharía mi madre? ¿Las escucharía con el corazón o con pinche coraje?

En efecto, la reacción no se hizo esperar y mi madre me mandó a la chingada enfrente de todo el planeta, con un tuit destructor: *Tus lágrimas, tus mentiras no me conmueven… Tú lo sabes, yo lo sé y Dios sabe la verdad. Buena suerte.*

"Buena suerte, Chiquis", pensé tras leerlo. Ya me condenó públicamente. Hasta entonces las acusaciones en mi contra eran mero chisme de revista, chismes que quedaron validados con ese tuit. El mundo entero leyó que Jenni repudiaba a su hija, por lo tanto tenía que ser cierto que Chiquis se había metido con Esteban. Amén.

Y de Twitter a YouTube. La implacable internet me la tenía jurada.

Fue en la noche de los Premios de la Radio. Cómo olvidar el encuentro entre mi novio y mi madre, si quedó grabado por decenas de teléfonos.

En el video se escucha claramente cómo mi novio insulta a mi madre y a su amiga Vanessa.

—Apártense que ahí vienen esas cerdas— dijo en alto para que todos lo oyeran. Obviamente iba borracho. Borracho y dolido por todo lo que me veía llorar y sufrir cada noche. A diferencia del resto de mi familia, mi novio era testigo de mi agonía.

Mi madre, antes de subirse a su auto lo retó a tratarla con respeto y a sentarse a hablar en privado. Se defendió e hizo bien. Mi madre no se merecía ese insulto, independientemente de lo que estuviéramos sufriendo o viviendo en privado.

Y mi novio se calló y bajó la cabeza e hizo bien en no alegarle ni entrarle más a la discusión. Muchos lo interpretaron como un gesto de cobardía. Él me confesó que supo al instante que la había regado gacho y no quería seguir regándola todavía más. Mejor callar y aceptar su error.

¿Estuvo bien lo que hizo? ¡Por supuesto que no! Un hombre siempre tiene que respetar a una mujer, y más a la madre de su novia. Y así se lo hice saber esa misma noche cuando hablamos después del incidente. Le dejé bien clarito que, pasara lo que pasara entre mi madre y yo, él la tenía que respetar. Y así me lo prometió, e incluso a los pocos días intentó llamarla para pedirle disculpas, aunque sin mucha suerte. Mi madre no le tomó las llamadas. Pero en todo este lío no negaré que aprecié que alguien diera la cara por mí públicamente. Fue una grosería, pero sé que mi novio sólo quería defenderme. Tal vez no fue de buen gusto cómo lo hizo, pero al fin alguien se atrevía a enfrentarse a la Diva.

Y mi madre, en lugar de enterrar este desagradable episodio, retomó Twitter para lavar los trapos sucios.

Que tú creas una versión y quieras defender a tu "novia" es bueno... pero las cosas no se hacen así... —retó a mi novio—. *Enfréntame bien, no de fanfarrón y valiente... habla como la gente, y así no se hace este escandalazo que provocaste... pide una cita conmigo... al fin que como ves, no te tengo miedo y me enfrento a cualquier hombre como tú. @chiquis626 felicidades por tu novio. Good job.*

¡Así que a mi novio sí le prometía una cita para hablar, y lo escucharía en privado, pero a mí no me aceptaba ni un *e-mail*! Acto seguido le contesté por esa única vía que ella me dejaba: el maldito Twitter.

Mother @jennirivera exactly my point... así como le dices a él que hable contigo como la gente... igual tengo YO como TU hija el derecho a que me escuches. No he hablado contigo por alrededor de un mes porque tú no me has dado el día... Pero como dije, deberías tomarte el tiempo para escucharme. Después de todo, lo merezco. Te amo.

¿Y Esteban? ¿Dónde estaba Esteban en toda esta guerra de insultos y tuits? Porque la cabeza de Esteban también tenía un precio.

La verdad es que no sabía nada de él. Seguía aterrada con la idea de contactarlo. Iris lo llamó para asegurarnos de que estaba sano y salvo. Eso me dejó más tranquila. Después, yo misma decidí que lo mejor sería que cada uno librara su propia batalla. Fotografiarnos juntos, aunque fuera para aclarar las cosas o darnos ánimos, sería visto como aceptar que éramos pareja, y nada más lejos de la verdad. Dar una entrevista juntos sólo aumentaría el morbo y todos hubieran estado más pendientes de cómo nos saludábamos o cómo nos mirábamos, que de escuchar nuestra historia.

Extraños mecanismos de las relaciones públicas. Gente buena tiene que dejarse de hablar para probar su inocencia.

Que me perdone Esteban si no elegí lo correcto. Este es un libro sobre el perdón y a él también se lo pido, al igual que yo lo perdono si no supo mover sus fichas adecuadamente en esos meses y en los últimos tiempos. Perdonado y perdonada. ¡Ojalá sea así! El juego de la vida, y más bajo la lupa de la fama, es un juego muy complicado.

Pasaron los días y llegó noviembre. Y una mañana, entre té y llanto, me dije: "¡Basta ya!". Recordé esa frase en inglés que tantos ánimos me ha dado siempre: *"It can only get better"*. Esto sólo puede mejorar. Cuando estás abajo, sólo se puede ir para arriba. Y decidí ir para arriba e ir a terapia. Sólo con el cariño de mis amigos y de mi novio no la iba a librar.

No me sentaba en la consulta de un doctor desde lo sucedido con mi padre, y esta vez la causante de mi visita era mi madre. ¡Qué ironías!

En nuestra tercera sesión, la doctora me dijo:

—Chiquis, tal vez tienes que empezar a visualizar la vida sin tu madre. Necesitas comenzar a vivir tu vida como es ahora, no como fue en el pasado.

Esas palabras me calaron profundamente en el alma. Esta era mi vida ahora, en noviembre de 2012: Chiquis sin su madre ni sus hermanos, sin sus tíos, con su novio y sus amigos. Con su salón y sus negocios. Esa era mi realidad y me iba a agarrar de ella.

—Esta es mi vida ahora y tengo que sobreponerme a lo de mi madre —recuerdo que le dije a Dayanna—. Es como cuando un novio te deja. Y este amor me dejó.

—Ese amor te dejó, pero no estás sola, *sister* —me reconfortó Dayanna—. Hay muchos corazones que piden por ti, aunque ni siquiera te conozcan.

Y tenía razón. Sin ir más lejos, Beto Cuevas, el popular artista chileno, fue una de esas bellas almas que tuvo los huevos de interceder por mí, sin tan siquiera conocerme. Nunca hemos hablado ni nos hemos saludado. Pero amigos en común me comentaron que durante una grabación de *La Voz… México*, donde él era juez junto a mi madre, la regañó dulcemente, pero con firmeza: "A mí no me importa lo que pasó entre tú y tu hija. Tienes que hablar con ella". Mi madre adoraba a Beto y eran excelentes camaradas, pero tampoco siguió su consejo. Gracias Beto por intentarlo; te doy las gracias desde estas líneas. Tu fama de buen ser humano te precede. Gracias también por ser buen amigo de mi madre. Los buenos amigos, como tú, siembran la paz, no la guerra.

Con el apoyo de mis propias amistades y de estas buenas almas que oraban por mí, desperté el día de *Thanksgiving*, el día más grande para los Rivera. La festividad que más celebrábamos, a la que absolutamente nadie podía faltar y la que yo siempre estaba encargada de organizar. Sobra decir que ninguno de los Rivera me invitó a ninguna de sus reuniones. Mi tío Juan intentó celebrar una en su casa para poder incluirme, pero no tuvo éxito. Todos irían a casa de mi tío Pete y allá también sobra decir que no era bienvenida.

Esa silenciosa mañana de jueves prendí una vela e hice mis oraciones, y después de leer mi devocional, sentí que mi corazón me pedía escribirle un último *e-mail* a mi madre.

Sería un *e-mail* de tono diferente. Ya era consciente de que mi Momma no quería escuchar mis argumentos ni mi defensa, así que ya no la marearía más con eso. Mi intención era enviarle paz, amor y gratitud. En ese mensaje me limité a pedirle perdón, por si alguna vez la había ofendido con mis actos o palabras. Le pedí perdón por no entender lo que estaba sucediendo en su corazón y en su cabeza, y que apenas ahora estaba empezando a comprender que tal vez todo esto era una lección de vida que ella me estaba dando. Y que la aceptaba con absoluta humildad.

En esa tranquila mañana pensé y medité: tal vez todo esto era una lección para que sacara las garras, para que dejara de ser la hija detrás de la Diva, para que se me endureciera la piel. "Está bien, Momma, si es para eso, lo lograste. Si sobrevivo a esta, jamás me voy a volver a rajar ante nada en esta vida".

Quien bien te quiere, te hará llorar. En ese último *e-mail* dirigido a mi madre acepté humildemente ese refrán y sus consecuencias. Acepté cualquiera que fuera la razón o la lección detrás de mi penitencia.

Terminé mi carta con un "Te quiero, Momma" y se lo envié a mi tía Rosie, rogándole que lo compartiera con mi madre esa misma noche. Mi tía me contestó que así lo haría, que esperara unas horas.

Y para no esperar sola y pasar el día mirando la computadora, terminé aceptando la invitación a la cena de *Thanksgiving* en casa de mi amiga Briana en Whittier. Su mamá, Delia Hauser, me recibió con una lluvia de abrazos y de cariño. Sentí por primera vez en más de dos meses el calor de una verdadera familia. Por un par de horas me permití soñar que todo estaba bien y que no iba a faltar amor a mi alrededor.

Después de la cena regresé sola a mi apartamento. Eché un último vistazo a mis *e-mails*... y no había nada. *Inbox* vacío. Sin respuesta a mis palabras de paz y amor.

Lo único que me llegó fue un texto de mi tía Rosie que juraba que mi madre había leído mi carta, y que había derramado lágrimas al terminar. Que la propia Jenni nos pedía a toda la familia unos días más, que pronto iba a arreglarlo todo, que le tuviéramos paciencia.

No supe qué pensar. Estaba cansada de esperar... era lo único que me decía Rosie... espera... espera... y ahora era mi madre la que nos pedía tiempo... ¿Sería cierto que algo había cambiado en su corazón? Agotada de tanta promesa, apagué la luz, apagué toda esperanza y me fui a dormir.

19.
CUANDO MUERE UNA DAMA

Bip-bip-bip… en esos días, ese ruidito de mensajes entrando en mi teléfono me tenía traumada y ni los leía. Eran las siete de la mañana y yo dormía sola en una enorme cama de hotel en Las Vegas, feliz y cansada de la noche anterior. Ese fin de semana se había casado mi adorada Karina, mi prima del alma, y por nada del mundo habría faltado a su gran día.

Aproveché para asistir a la fiesta acompañada de mis inseparables Gerald y Briana, y para celebrar con ellos mi nueva vida y dar gracias por todo lo que todavía conservaba: mi salud, mi trabajo, algunos de mis primos, mi novio y mis mejores amigos.

Bip-bip… otra vez esos malditos mensajes. Aventé el celular lejos y me di la vuelta.

Entre las sábanas y el sueño me acordé de la manejada desde Los Ángeles el día anterior, por ese *freeway* 15, cruzando el desierto, donde tuve una corazonada que compartí con Briana y Gerald:

—¿Saben? Hoy extraño a mi madre. Llevaba días sin extrañarla así. Y lo más curioso es que presiento que ella me extraña también. No me pregunten cómo, pero lo sé.

—¿Crees que te llamará antes de la Navidad? —me preguntó Briana.

—No sé... tal vez, pero no tengo muchas esperanzas. Ya no. Siento que se le pasó el enojo y ahora no sabe cómo echarse para atrás. La conozco. Tal vez ya se dio cuenta de que todo fue un malentendido. No sé, amiga. No sé... Por primera vez siento que me quiere hablar.

—Ojalá y sea así —me animó Gerald—. Pero mientras tanto, recuerda lo prometido: Vamos a Las Vegas a comenzar una nueva etapa. *¡Chiquis time!*

—*¡Chiquis time!* ¡Es mi momento! —grité con desahogo. Y pisé el acelerador.

En cuanto llegamos al hotel donde nos hospedaríamos todos, mi tío Gus y mis otros primos me recibieron con mucho cariño. Parecía que el drama familiar se iba calmando entre algunos de los Rivera. Mi madre no podría asistir porque tenía que actuar en Monterrey, México, esa misma noche. Eso les evitó tener que elegir a quién invitar: a ella o a mí. Y a mí me permitiría saludar a mis hermanitos después de tanto tiempo. ¡Cuánta falta me hacían! Aunque no sabía cómo reaccionarían al verme.

La boda se celebró el sábado en la tarde, en la legendaria Little White Chapel. Fue muy romántica, y por fin vi a mi adorada primita casarse con el amor de su vida, Eddie.

Al terminar la ceremonia me pude acercar a los niños, que iban de la mano de Jacqie. *"Hey, sister"*, es todo lo que me dijo mi hermana, pero ni me tocó. Una frialdad absoluta. Sus gestos y su mirada eran exactamente iguales a los de mi madre. Jacqie siempre fue su vivo retrato, y lo sigue siendo hasta el día de hoy.

Jenicka fue la única que se atrevió a darme un abrazo, pero la noté tensa. Sus ojitos, nerviosos, no querían mirar a los míos.

Pero lo que acabó de matarme fue la reacción de mi pequeño

Johnny. Me negó el beso, se giró en chinga y se escondió detrás de Jacqie.

Tragándome las lágrimas, le pedí a Dios por él. Era injusto que los problemas de los mayores lo arrastraran y lo confundieran de tal manera. Ya me habían contado que hasta le cortó la cabeza al muñequito que tenía de Esteban, una de esas figuritas de jugadores de béisbol que mi padrastro le había regalado. ¡Por qué tenían que llenarle el corazón con la basura de los adultos! Eso me dolía.

Como el banquete terminó temprano, decidí continuar la fiesta en el club VooDoo en el hotel Rio con Briana y Gerald. Los tres solitos. Era sábado por la noche en Las Vegas, el momento de reinventarme y dar rienda suelta a la diversión. Tenía que ponerle punto final a dos meses de encierro en mi apartamento.

La música del DJ, la terraza y la vista espectacular de esa ciudad que nunca duerme me emocionaron. Mientras bailaba entre el gentío miré al cielo, y de repente, sentí un pinchazo en mi corazón y una tristeza muy profunda me invadió de pies a cabeza. Era algo físico. Lo podía sentir en mis brazos y piernas. Miré la hora: la una de la madrugada.

—¿Qué traes? —me gritó Gerald por encima de la música.

—Nada. Cansancio —mentí—. Creo que me voy a sentar. Sigan bailando.

Dejé la pista y regresé a nuestra mesa. Sin saber por qué, rompí a llorar.

—¿Qué te pasa, Chiquis? —me preguntó Briana. No entendía nada.

—No sé, me quiero ir. Vámonos a la habitación.

—Pero si acabamos de llegar —protestó Gerald.

—*Sorry*, chicos. No me siento bien —les dije. No les quise explicar que otra vez estaba pensando en mi madre. Me iban a regañar por latosa.

Al llegar al cuarto pedimos comida de McDonald's, platicamos, reímos y ese ataque de tristeza tan extraño se me pasó. Aun así, desperté cada hora en esa madrugada del domingo 9 de diciembre. Vuelta y vuelta. No pude dormir. Y para colmo esos bip-bip seguían sacudiendo mi teléfono desde tempranito.

Alrededor de las diez de la mañana recibí la fatídica llamada que me sacó de la cama, y entonces entendí por qué tanto mensajito:

—Prima, ¿estás todavía en Las Vegas? Soy Karina.

—Sí, *cousin*. Acá estamos. Bien jetones. ¿Por qué?

—Mi padre ya está en Long Beach y me llamó… Que tenemos que salir voladas para allá.

—¿Por qué? No entiendo.

—No sé, prima. Me dijo que leamos nuestro Twitter.

—*Ok, got it* —respondí y le colgué.

Y allí lo vi:

Avión de Jenni Rivera desaparecido en pleno vuelo.

No hay rastro de ninguno de los cinco pasajeros y dos tripulantes.

Continúa la búsqueda del jet privado. Se teme que no haya sobrevivientes.

El avión perdió contacto a los diez minutos de despegar. Exactamente a las 3:10 a.m.

Mi primera reacción fue pensar: "¡Oh, *bullshit*! Que me perdone Dios por no dar crédito, pero era demasiado increíble y doloroso para asimilarlo a la primera. Además, hoy en día es común que en las redes sociales digan que fulano o mengano murió y luego resulta ser un invento, nomás para joder. Mas de repente me acordé de ese ataque de tristeza que me dio la noche anterior en plena pista de baile: ¡era la una de la mañana en Las Vegas, las tres en Monterrey! Tuve un mal presagio.

Llamé a mi tía Rosie.

—No te preocupes, Chiquis, estamos intentando aclararlo— me respondió muy calmada—, es todavía muy pronto para asegurar nada.

Le marqué a mi tío Juan. Si alguien me iba a contar la verdad era él.

—Espero que no sea cierto que haya desaparecido, seguro que la tienen en algún lado sana y salva. Puede ser que la tengan retenida... —mi tío intentaba buscar respuestas, preocupado.

—¿No han logrado hablar con ella?

—No contesta su teléfono. Nadie contesta.

—¿Nadie? ¿Quién más iba en ese avión? —Mi corazón dio un brinco.

—Jacob y Arturo, de seguro. Tampoco responden sus celulares. Suenan apagados.

Mi corazón se arrugó todavía más. Jacob Yebale, el maquillista oficial de mi madre, era más que un empleado. Era nuestro amigo, confidente y compañero de batallas. Perderlo a él sería como perder a otro un miembro de la familia.

—Lo mejor es que te dirijas a la casa de tu abuela —me recomendó mi tío—. Todos vamos a ir para allá.

A los quince minutos estábamos los tres subidos en mi carro. Briana se había quedado muda. Podía ver el terror en sus ojos. Gerald intentaba darme ánimos, pero no lo lograba.

Una vez más, cruzamos ese desierto del Mojave. Esta vez se me hizo eterno, frío, horrible y vacío.

Yo pedí ir al volante. Quería sentirme en control de la situación, mantenerme ocupada y no pensar. No quería pensar ni lo mejor ni lo peor. No quería hablar del tema. Le rogué a los chicos que no comentáramos nada. No quería música tampoco. Hasta que, cansada de mirar la recta carretera, prendí la radio. K-Love estaba sintonizada. Sólo sonaban las canciones de mi madre y los locutores narraban la búsqueda con todo detalle. "Han hallado ropa y restos de una nave...". "No se confirma todavía si son los restos de Jenni Rivera...".

Fue en esa parte del viaje donde me pegó duro. Ahí el miedo se convirtió en realidad.

—¡Si lo dicen en la radio es verdad! —comencé a gritar—. Dios no me haría algo así. No he hablado con mi madre. ¡No arreglamos lo nuestro!

Loca y gritando lo mismo hasta el agotamiento, no quería parar el carro y dejar que otro manejara. Briana y Gerald callaban y ocultaban su miedo a que nos estrelláramos. No me podían sacar del volante y no había palabras para calmarme.

—Dios no me puede hacer esto. —Mi voz era de loca demente—. No es cierto. No, no, no.

Pobres de mis adorados amigos. Les pido perdón por ponerlos en esa situación tan peligrosa en la carretera. Mi cabeza daba vueltas desquiciada, y sólo quería llegar a Lakewood y descubrir que todo era un mal entendido. En malentendidos, al fin y al cabo, los Rivera éramos expertos.

—Siempre recordaremos a la Diva de la Banda con su sonrisa tan hermosa —dijo el locutor. Y yo pisé al acelerador.

Llegué de Las Vegas a Lakewood en tres horas exactas. Dios quiso que nada nos sucediera. Enfrente de la casa nos esperaba un verdadero desmadre. Reporteros, camarógrafos, fans, curiosos... todos gritando e intentando hablarme a la vez. Me costó trabajo salir del auto y correr hasta la puerta, con la ayuda de Briana y Gerald.

Dentro de la casa de mi abuela reinaba el más horrible de los silencios. Toda la familia estaba allí ya, pero nadie decía ni una palabra. Sólo se escuchaba el murmullo lejano del griterío de afuera.

"¿Será que no debo estar acá? —me asaltó la duda—. Si todos

los presentes creen que de verdad me acosté con el esposo de mi madre, ¿debo de estar aquí y llorarla como ellos?". Gerald y Briana me vieron la cara de terror y decidieron quedarse conmigo. Se turnaban a mi lado, agarrándome de la mano. ¡Cuánto se lo agradecí! Al menos tendría fuerzas hasta que rompiera el hielo en esa sala llena de miedos.

Fue mi tía Rosie quien tomó la iniciativa y me dijo:

—Chiquis, quédate aquí. Debemos permanecer unidos. Ahora más que nunca.

Mikey me abrazó de inmediato y Jacqie, que hasta entonces sólo me observaba desde una esquina, dejó a un lado sus dudas y se unió a nosotros, rodeándome con sus brazos.

—Chiquis —me dijo entre lágrimas—, los niños te necesitan. Todos te necesitamos.

Ya más segura de que acá era donde debía estar, y sintiéndome bienvenida, me senté con los niños que, sin decir palabra, se agarraron a mí con desesperación. Johnny me abrazó con todas sus fuerzas y atrás quedaron todos los odios y resentimientos y todo lo que le contaron de mí. Mi *baby* no podía perder a sus dos mamás en este mundo. Jenicka tampoco. Mi *baby* puso su cabeza en mis piernas y lloró suavecito.

Durante las próximas horas me limité a escuchar la información que nos iban dando mi tío Juan y mi tía Rosie. Ellos dos al teléfono, y mi tío Lupe desde México, estaban manejando la situación y hablando con las autoridades.

—No se preocupen. La vamos a encontrar—decía Juan. Él se negaba más que nadie a aceptar los datos que le daban—. Estoy contactando a gente que conoce a gente allá en México. Gente que puede saber si alguien la secuestró.

Pensar en secuestro en lugar de accidente le daba fuerzas. A mi abuelito Pedro también.

A media tarde nos confirmaron que los restos hallados en plena sierra de Iturbide, Nuevo León, eran con total seguridad los del avión de mi madre y que no había sobrevivientes.

Esa noche nadie se fue de la casa de Lakewood. La pasamos en vela, tirados por la sala o de pie en la cocina.

Bien entrada la madrugada, mi dulce Jenicka me dijo:

—*Sister*, no sé qué pasó entre *mom* y tú, pero ya no me importa. Te necesitamos.

—Y yo los necesito mucho más a ustedes —le respondí con el abrazo más grande del mundo—. No tengas miedo. No los pienso dejar solos ni un minuto.

Al ratito caí medio dormida en el sofá, con Johnny en mis brazos. Mi niño lloraba hasta en sueños y me preguntaba: "¿Por qué le pasó esto a mi *mom*? ¿Por qué?". No lo solté de mi regazo en los siguientes tres días.

El lunes al mediodía llegó mi tío Lupe directo de Monterrey, donde las autoridades le confirmaron más detalles del accidente.

Lupe entró con su mánager en la casa de Lakewood y se desplomó en el sofá.

—*No way*. Nadie sobrevivió. Créanmelo —nos informó a todos.

—¿Pero qué hacemos aquí parados? ¿Por qué no hay nadie de la familia allá? —le grité a mi tío Juan—. Escuché que las familias de Arturo y de Jacob están de camino. —Hasta ese momento yo había permanecido calladita, pero ya era hora de retomar mi papel: el de la hija mayor de Jenni.

—Chiquis, no hay nada que hacer allá. ¿Para qué ir? —insistió mi tío Lupe.

—¡Tenemos que ir! ¿No me oyen? ¡Que alguien vaya y me

traigan a mi madre! ¡Quiero que me la traigan esté como esté! Pero tráiganmela! —les dije.

Mi tristeza se estaba convirtiendo en coraje. Me sentía impotente. Yo no podía meterme en un avión y dejar a los niños solos, pero me moría por ir y subir a ese pinche cerro a buscar a mi madre y traerla en mis propios brazos si hacía falta.

Al final, Lupe aceptó regresar y decidieron echar a la suerte quién lo acompañaría. Gustavo y Juan lanzaron una moneda, y le tocó a Gus.

—No me importa a quién le haya tocado. Van los tres —les dije mirándolos a los ojos—. Juan también va.

Con Juan en Monterrey sabríamos hasta el más mínimo detalle. Mi tío Juan sería mis ojos allá.

Ese lunes por la tarde, mi mente me decía: "El accidente es real, nadie regresará de esos cerros de Iturbide". Mi corazón me repetía: "¡*Hey!* Tal vez la raptaron antes de que despegara el vuelo, ella no iba en el avión y la tienen escondida en algún lugar con vida". Cuando la fiebre del dolor me atacaba, llegaba a creer que bien podía haber saltado en paracaídas antes del impacto y que ahora se hallaba herida en algún lugar de esas enormes montañas. Cualquier historia era mejor que la que veíamos en la televisión. ¡Qué fácil es aceptar la verdad cuando no duele tanto! ¡Qué fácil era para otros resignarse a perderla cuando para mí significaba que jamás nos íbamos a poder reconciliar!

—Quédate tranquila, Chiquis —me decía mi tía Rosie—. Cuando tu madre regrese, tú serás a la primera a la que abrace al entrar por esa puerta. Tal vez todo esto es una lección para que la familia se vuelva a unir. Tal vez se trate de una lección divina.

Pero para el martes, yo ya sabía que no iba a haber abrazo ni reconciliación. Esa madrugada, mientras leía algunas de las noticias en internet, me topé con unas fotografías que muchos se preguntan si he visto. Pues sí. Desafortunadamente las vi. Eran los restos del pie de una mujer en el lugar del accidente, y los restos de una melena larga y güera.

El cabello podría ser de cualquiera, pero conozco los pies de mi madre. Yo misma le ponía los zapatos cuando estaba cansada o se estaba alistando para alguna gran ocasión.

—Jenicka —le pregunté a mi hermanita—, ¿de qué color llevaba *mom* pintadas las uñas de los pies?

—Rojas. ¿Por qué? —me contestó inocentemente.

—Por nada, *my love*. Por nada.

Rápido me metí en el baño para que los niños no pudieran oírme, y me eché a llorar sentada en el suelo, entre toallas de flores y los mil jabones de olores fuertes que siempre compra mi abuelita Rosa. De pronto, se me cortó el llanto y sentí que mi madre me hablaba: "Prepárate, Chiquis —escuché su voz en mi cabeza igualito como si la tuviera delante—. No voy a regresar y vas a tener que encargarte de los niños de ahora en adelante. Prepáralos a ellos también para la noticia. Contigo están en las mejores manos. Sé valiente, Chiquis". Ahí mismo cerré los ojos y oré. Oré por su alma y le prometí que siempre cuidaría de mis hermanos. Dialogué largo tiempo con ella, pero sólo sobre los niños. Estaba segura de que me escuchaba. Finalmente, mi *mom* me estaba dando la oportunidad de hablarle, aunque fuera de alma a alma. Le dije una vez más cuánto la amaba. *"I love you, my princess"*, así se despidió ella.

Abrí los ojos y salí a la sala. Johnny me miraba desde el sofá:

—Escucha: tienes que ser fuerte, mi amor. Hay un noventa y cinco por ciento de posibilidades de que *mom* no regrese con vida.

No me contestó. No hubo más palabras. Nos sentamos a llorar abrazados. Lloramos sin consuelo, durante casi una hora. "Dios, Diosito, ¿por qué le arrebataste primero a su papá y ahora a su mamá? Mi pobre chiquito…". Juro que en ese instante yo lloraba más por su pérdida que por la mía. Hasta hoy siento que los que más perdieron acá fueron mi Jenicka y mi Johnny.

Esa noche volví a encerrarme en el baño y, abrazada a una foto de mi madre, le pedí:

—Ayúdame. Ayúdame. Dime cómo consolar a los niños. Dime qué debo hacer. ¡Estoy asustada!

Nada. Ya no escuché su voz de vuelta. Silencio total.

Al amanecer tendría que armarme de valor y sacar el barco a flote. Quedaban largos días hasta que mi madre regresara y pudiéramos despedirla como se merecía. Dayanna se quedó conmigo por esas dos semanas.

En cuanto a esas grotescas fotos del accidente que ya circulaban por todo el internet, intenté como pude que los niños no las vieran, pero resultó imposible. Johnny las encontró en su iPad y se las mostró a mi abuelita. Y desde estas líneas me dirijo a los que las publicaron: ¿qué tal si se tratara de su madre? ¿Cómo se sentirían si un día el mundo entero viera a sus madres como nos tocó ver a la nuestra?

Hay individuos descerebrados que, nunca mejor dicho, no tienen madre, ni jamás la tendrán.

Otro acto mezquino que me dolió en el alma durante esas noches de luto y espera fue la noticia de que el lugar del accidente fue saqueado antes o durante la llegada de los rescatistas. No me dolieron las joyas, a pesar de que a ese viaje mi madre se había llevado las más valiosas que poseía. No me dolieron los bolsos o los costosos zapatos que se volaron tan alegremente y sin escrúpulos. Ni tan siquiera me mortificaron los supuestos cientos de miles de dólares que rumoran que mi madre cobró en billetes, horas antes del concierto de Monterrey. Si ese dinero viajaba con ella y se lo robaron, ¡que les aproveche!

Mi gran dolor fue su BlackBerry. La persona que se lo llevó no sabe el daño que me causó. En nuestros teléfonos llevamos nuestras vidas y nuestros pensamientos. En ese BlackBerry mi madre anotaba ideas, planes, palabras. Y alguna de esas palabras era, probablemente, para mí. En ese teléfono estaba, posiblemente, la clave para aliviar mi pena y responder a tantas de mis preguntas. En esa maquinita estaba su último mensaje y su último chiste. ¿Para quién fue?

Media hora antes de despegar, mi madre había cambiado su foto de perfil y había puesto una de toda la familia. ¿Sería que de verdad soñaba con firmar la paz y reunirnos pronto a todos?

Adiós a ese teléfono, si es que quedó entero después del impacto.

Pasamos días marcando ese número con la loca esperanza de que alguien contestara y nos dijera que todo había sido una pesadilla. Pero lo único que escuchábamos era su saludo: *"Hi, this is Jenni,* favor de dejar tu mensaje…" hasta que se llenó el buzón y quedó vacío nuestro corazón.

20.
GRADUADA CON HONORES

—Mira, Chiquis, esta foto de tu madre en su concierto de Monterrey. El escenario era una cruz. ¡Era una premonición! —me comentó una amiga.

—Mira esta última entrevista que tu madre dio antes del concierto, decía que ya había logrado todo y que estaba agradecida y satisfecha con su vida... tu madre sabía que era su última noche, se estaba despidiendo —me repetía un periodista en el teléfono.

Mientras esperábamos más noticias de México, los chismes y los rumores no dejaban de bombardearnos. Otra vez esas voces tóxicas con ganas de envenenarnos a cambio de ganarse nuestra atención.

Sinceramente, para mí fue todo pura coincidencia. Personas que la acompañaban esa noche me dijeron que ella, cuando vio ese escenario en forma de cruz sólo se alegró y no sintió ningún presagio: "¡Me fascina! ¡Es bello!", dijo entusiasmada.

En mi corazón, más que una premonición, ese escenario y esas palabras finales fueron un mensaje de paz de que ella está en el cielo. Un mensaje tranquilizador.

Todas las demás especulaciones e historias del más allá me resultan pura pendejada.

En cuanto a la canción que eligió para interpretar esa noche, "Paloma Negra", esa sí llevaba mensaje oculto. Por una vez los rumores le atinaron, aunque el mensaje no tenía nada de sobrenatural.

Se trataba de la misma canción que le dedicó dos años antes a Jacqie cuando se fue de casa tras una pelea estúpida y mi madre quería pedirle que regresara.

Esa misma canción, ahora dedicada a mí, en ese bello escenario, fue sin duda su manera de decirme: "Tú regrésate también, mi *princess*".

Con "Paloma Negra", mi madre me decía bien clarito: te extraño, no sé cómo arreglar todo esto, cómo echar marcha atrás.

Paloma negra, paloma negra, dónde, dónde andarás.

Mi madre no se estaba despidiendo de mí ni de nadie. Estaba buscando el camino al perdón. No es mi imaginación. Mi tía Rosie llevaba días insinuándome que para Navidad todo iba a cambiar y ella conocía mejor que nadie los planes de su querida hermana.

Dios dame fuerzas, que me estoy muriendo por irla a buscar.

Hasta la fecha no puedo escuchar esa grabación del concierto de Monterrey. Me duele demasiado.

—OK, ¿qué vamos a decir cuando nos pregunten qué onda con Chiquis?—se atrevió a cuestionar mi tío Juan, mientras todos nos apresurábamos con los preparativos de la gran ceremonia en honor a mi madre.

Nadie supo qué contestar. Mi tía Rosie ya les había contado

a todos que mi madre había leído mi carta el día de Acción de Gracias y que planeaba una reconciliación. Todos estuvieron de acuerdo con que no sería justo que el mundo me siguiera condenando por el resto de mi vida por algo que quedó a medias y sin aclarar.

Creo que, por instinto y por amor, cada vez que los medios preguntaban por mí, comenzaron a decir: "Chiquis está bien, con el resto de la familia. Sí, sí, logró hablar con su madre antes del accidente. Lo arreglaron todo".

Fue un bello intento de protegerme y de arroparme ante la opinión pública. No era momento para lidiar con el odio de los fans. Pero para mí no era suficiente. Yo seguía insistiendo: "Decir que mi madre me perdonó es aceptar que yo cometí el crimen, ¡y yo no hice nada malo!". Yo buscaba la absolución total, no el simple perdón. Mi abuelita Rosa, como siempre, me hizo entrar en razón:

—Chiquis, no es hora de ponerse a alegar. Mira por lo que estamos pasando —me rogó.

OK, por el momento les aceptaría esas buenas intenciones. Ahora la prioridad era calmar nuestro dolor.

Y algo que me dolía y me aterraba era regresar a la casa de Encino. Los niños necesitaban ropa y otras cositas, porque la ceremonia se retrasaba. La burocracia para recuperar el cuerpo de mi madre iba muy lenta. Lentísima.

Dayanna, Johnny y Jenicka decidieron acompañarme. Los tres manejamos hasta Encino con un nudo en la garganta. Las lágrimas comenzaron a rodar por nuestros rostros en cuanto abrimos la puerta principal. La mansión se sentía vacía y fría. Nadie reía en la cocina, nadie cantaba en la sala, nadie hablaba a gritos por teléfono desde la oficina. Y mi madre nos miraba desde sus fotos enmarcadas encima del piano y colgadas en las paredes.

En su habitación la cama estaba tal y como ella la había dejado cinco días antes: sus pijamas a un lado, las sábanas arrugadas y un libro sobre las cobijas. Me tiré sobre las almohadas, y mientras olía su perfume, exploté en mil llantos.

Esa era la misma cama donde le había contado mil problemas y mil veces me había consolado y aconsejado mientras me acariciaba el cabello.

—Dios, así no es como yo soñé regresar a esta casa algún día. No, así no —me quejé y le lloré al Señor.

En una silla junto a la mesita de noche vi uno de sus vestidos rojos que seguro usó antes de partir a Monterrey, y lo metí en una bolsa de plástico con *ziplock* que encontré en la cocina.

—Lo guardaré para siempre, no quiero que su aroma se le vaya jamás —le dije a Dayanna.

Con pena en el alma, salimos de esa recámara llena de recuerdos, recogimos zapatos y ropa para Jenicka y Johnny, metimos algunos de los retratos de mi madre en otra bolsa y nos fuimos. Las emociones eran demasiado intensas como para quedarse ahí un minuto más.

—¿Y Esteban? —me preguntó Dayanna cuando bajábamos la colina.

Esteban me había llamado el mismo día del accidente. Era la primera vez que nos dirigíamos la palabra desde que había empezado todo el lío. No comentamos nada sobre el escándalo. Toda nuestra atención y nuestras palabras las dedicamos a mi madre y al accidente. ¡Lo escuché tan triste! Juro que Esteban todavía la amaba a pesar de que ella lo había alejado de su vida y humillado públicamente.

—Chiquis, quiero estar allá con ustedes y con los niños. Quiero ayudarlos en estos momentos —me suplicó. Le dije que debía pedírselo al resto de la familia, porque yo no estaba en condiciones de tomar decisiones. Mi tío Juan y mi abuelita Rosa le dijeron que sí, pero mi tía Rosie se opuso.

Curiosamente, el resto de mis tíos no le guardaban ningún rencor (ni creo que le guarden). Como yo, los demás creen que Esteban fue un buen marido y un buen padre. Es lo único que vimos. Si le fue infiel, y otras tantas cosas, ninguno fuimos testigos. Sólo Dios sabe... o tal vez mi madre lo supo también, pero jamás mostró evidencias concretas.

Pero con todo tan reciente, mi tía Rosie temía que si le permitíamos venir a la casa de Lakewood se generarían más chismes innecesarios. Esteban no se dio por vencido. Me llamó la noche anterior a la ceremonia, que sería transmitida por diferentes canales internacionales, y me volvió a suplicar: él quería estar presente.

—No, Chiquis —mi tía se negó una vez más—, con cientos de cámaras ahí, su llegada causaría mucha distracción y el verdadero objetivo es honrar a tu madre y dedicarle a ella cada minuto.

Mi tía Rosie, esta vez, tenía mucha razón, pero de nuevo las relaciones públicas y el qué dirán dejaban sólo a Esteban. Por ello, y de nuevo, te pido perdón, Esteban, por no incluir tu dolor con el del resto de la familia. ¡Tanto qué perdonarnos unos a otros!

La Graduación Celestial de Jenni Rivera tuvo lugar el miércoles 19 de diciembre. Ya nos habían entregado a mi madre. Me niego a llamar "sus restos" como lo hicieron los medios a los pedazos que lograron identificar entre los escombros del avión. Prefiero decir "mi madre".

También nos negamos a decir funeral o *memorial*. Dolores Janney Rivera siempre fue la mejor de las estudiantes. Y uno de sus grandes sueños, que la vida no le permitió alcanzar, fue graduarse de una gran universidad. Sus tres hijos mayores tampoco le dimos ese placer. Así que en este día se lo íbamos a cumplir. Ahora nos tocaría a nosotros verla a ella graduarse del máximo título que se puede alcanzar en este mundo: del diploma final que nos otorga Dios. Jenni Rivera se graduaría de esta vida con honores.

Ese miércoles, nuestro día favorito de la semana, salimos de la casa de Lakewood muy tempranito, alrededor de las cuatro de la madrugada, para evitar a los medios y llegar con tiempo al Gibson Amphitheatre. Dejamos los carros en un *parking* cercano y de allí nos subieron a un RV que nos llevó hasta la parte de atrás, junto a la entrada al escenario. Nos trajeron *donuts* y nos peinaron y maquillaron para el gran momento.

¡Mi pobre Jacob! Él, que nos maquilló en los días más importantes de nuestras vidas, no estaba esa mañana de diciembre para hacernos reír y hacernos lucir bellas por dentro y por fuera. Todos en la familia nos acordábamos constantemente de cada una de las otras almas que se fueron con mi madre: de nuestro Jacob, de Arturo Rivera, el amigo y publicista de mi madre que la ayudó a convertirse en toda una estrella en México, de Jorge Sánchez, el estilista que la peinaba y la mimaba como a una diosa, y de Mario Macías, su abogado fiel que le manejaba mil y un asuntos. Esa mañana oramos por mi madre y por todos ellos durante nuestra espera. Jamás nos hemos olvidado de ninguno, ni de los pilotos, el señor Miguel Pérez y el joven Alessandro Torres. En privado los lloramos a todos, porque fueron los últimos compañeros de mi madre y serán siempre parte de nuestro luto.

Y tras la última oración, llegó el momento de salir a ese tremendo escenario. Fue en el Gibson donde mi madre creció como estrella ante los ojos de su público angelino, sus *hommies*. Sería allí donde se le diría adiós a su "cocoon", su capullo de madera bella, donde descansa nuestra bella mariposa. Nos negamos a llamarlo de otra manera.

Cuando sonó la música, tomé aire, apreté fuertemente las manos de Johnny y Jenicka y juntos dimos los primeros pasos hasta situarnos cerca de ese bello capullo frente al enorme escenario, con el resto de los Rivera.

Inmediatamente el aplauso más tierno y apasionado que jamás he oído en mi vida nos inundó de calor y de amor. No podía ni llorar. Entré en un estado de trance, como un zombie, como con una suave borrachera en el alma.

No negaré que, durante el transcurso de la ceremonia, pasé un poco de vergüenza y algunos momentos de mucha ansiedad. Otros grandes artistas que creían ciegamente que había traicionado a mi madre estaban sentados en primera fila. No me atreví ni a mirarlos a los ojos. Entre ellos alcancé a ver también a Ferny. Tampoco lo miré a la cara. Sorry, Ferny, lo siento. Los nervios me lo impedían.

Cuando llegó mi turno para ponerme frente al micrófono y dar mi discurso, tuve que sacar un papelito. El cansancio y la angustia no me dejaban recordar lo que había ensayado. Otra vez mi mente se volvía loca. "Miles de ojos me miran —pensé—. ¿Que estarán pensando, que soy una puta, una hipócrita? ¿Que soy una cualquiera?". Oh, Dios, yo sólo quería concentrarme en mi madre, en su amor, en su bella graduación llena de mariposas y aplausos, pero me resultaba difícil.

Justo ahí, frente a ese micrófono, volví a escuchar la voz de mi madre, que no oía desde la semana anterior en casa de mi abuela. "Sé fuerte, Chiquis. Sé fuerte, mija. Mamá está aquí contigo. *Don't worry. But don't bitch out*, no te rajes". Al igual que aquella tarde en la inauguración de mi salón, cuando tuve que enfrentar las cámaras yo solita, sentí que alguien me agarraba de la mano. No sé si fue mi imaginación o fue mi Johnny que no se despegaba de mi lado, pero esa mano me ayudó a mirar de frente a las gradas con miles de fanáticos en pie, emocionados. "¿Y si me gritan una grosería?", me pregunté. Sentí esa mano de nuevo y todos mis miedos desaparecieron. Viví el resto de la graduación con inmensa paz.

Jamás olvidaré las bellas canciones que le brindaron a mi madre Joan Sebastian y Ana Gabriel. No pudo haber mejor homenaje. Tampoco se me borrarán las palabras de Pepe Garza: "Jenni era perfecta por sus imperfecciones". Y yo, más que nadie, lo entendí: yo amaba a mi madre porque sabía que, dentro de sus errores, era un ser único y especial, y su amor iba más allá de este mundo.

Ya terminada la ceremonia, el público comenzó a desfilar frente al capullo para depositar rosas para su Diva. Yo me hice a un lado para dar paso, y de repente las mujeres y las chavitas comenzaron a llamarme: "Chiquis, ven. Ven acá". "Chiquis, acércate, queremos darte un abrazo".

Me bastaron dos segundos para entender que contaba con su perdón. Mi corazón explotaba de gratitud. Gratitud hacia esos miles de fans que me brindaban su amor y no su odio. Me demostraron lo grandes que son y con humildad acepté ese perdón que me entregaron tan generosamente junto con esas rosas para mi madre.

Yo, igualmente, los perdoné en ese mismo instante, por todas las crueldades que me habían escrito en Twitter, y por haberme declarado culpable sin conocer toda la verdad. Perdonados. Perdonadas. No guardo rencor alguno. Espero que ellos y ellas tampoco lo guarden hacia mí. Los amo.

Quiero que el mundo sepa que los fans de Jenni se reunieron esa mañana para honrarla, no para deshonrar su memoria con gestos amargos; que se portaron como lo que son: lo mejor de lo mejor. Estaré siempre orgullosa de ellos y en deuda por el resto de mi vida. *¡I love you, J-Unit!*

Días después de esta bella graduación, soñé con mi madre. Soñé unas escenas tan reales que al despertar mi mente se resistía a salir del trance.

Estábamos todos en la casa de Encino. Mi madre entraba y se sentaba a mi lado y me rodeaba con su brazo. Reía, platicaba con todos, pero no me soltaba. No recuerdo de qué hablábamos, sólo que su cuerpo permanecía pegado al mío y las dos rebosábamos de felicidad.

Me pueden tachar de loca, o decir que son trucos de mi mente que busca desesperadamente un final a mi dolor de hija repudiada, pero ese sueño fue tan real como la vida misma. Hay momentos en que las cosas que esperas o deseas suceden de maneras misteriosas.

21.
PEDAZOS DE MI CORAZÓN

—Chiquis, ya, mija, ya tenemos que darle santa sepultura. —Mi abuelita era la que más me insistía. No soportaba la idea de que a seis días de la gran Graduación Celestial, mi madre siguiera en un frío refrigerador, dentro de su bello capullo.

—Abuelita, dame dos días más. Quiero ver los últimos resultados de Monterrey. No podemos precipitarnos.

Ya se habían cumplido dos semanas desde el terrible accidente y los medios y los fans no tenían otra pregunta: ¿cuándo sería el sepelio? Y yo, en mi recién recuperado rol de hija mayor, llevaba la batuta y me negaba a enterrarla. "La quiero enterita", le repetía a mis tíos. No estaba dispuesta a perder ningún pedacito de mi madre, por muy desagradable que sonara.

Desde México nos avisaron que faltaban muchas partes por identificar y que la segunda ronda de exámenes de ADN aún no se había completado. Suena horrible, pero lo cuento tal y como fue. Les tomaría una semana más finalizar los exámenes a las noventa y seis partes que les quedaban allá en la morgue. El impacto del pequeño avión debió de ser como el de un misil de guerra. Todo y todos se hicieron añicos.

Y fue tarea de mi tío Gus abrir esas cajas conforme nos iban llegando, y de poner a mi madre en el capullo con sus propias manos. El más valiente, y el que tuvo que pasar por el trago más amargo. Le estoy eternamente agradecida. Si no fuera por él, nunca habría confiado en que nuestra mariposa iba ahí adentro.

Y mientras Juan y Gus se encargaban de los preparativos más difíciles, mi tío Lupe andaba en el estudio, grabando una canción dedicada a mi madre. Ni a mi tío Gus ni a mi tío Juan les sentó muy bien esto. No podían creer que en pleno dolor y antes de darle sepultura, Lupe ya tuviera canción producida y editada, y estuviera planeando relanzar su carrera.

Lo cierto es que hasta la fecha, esa canción y esas prisas de mi tío Lupe siguen siendo causa de discusiones entre hermanos y sobrinos. Peleas y diferencias de opiniones que parecen no tener fin.

—OK, Chiquis. Ya llegó la última caja de Monterrey. Ahora sí —me dijo mi tío Gus—. La espera nos está matando a todos.

—No, tío, ahora debemos hacerles nosotros el ADN acá. No podría dormir sabiendo que incluyeron en nuestra caja a otras de las víctimas —le supliqué, sintiendo que me volvía loca en mi empeño de recuperar lo que hasta ese entonces había sido sangre de mi sangre—. Tampoco me sentiría tranquila pensando que nos quedamos partes de los seres amados de otras personas por error. ¡No sería justo!

Si algo heredé de mi madre fue la testarudez, y en este caso gané. El funeral privado que estaba planeado para ese mismo miércoles 26 de diciembre lo pospusimos a último minuto, sin especificar razones, pues hubiera sonado muy morboso.

Aunque resultaron más morbosas las especulaciones de algunos medios y de algunas malas lenguas: que si los Rivera cancelamos el sepelio para ganar publicidad, que si retrasábamos la ceremonia final para llevarnos el cuerpo de mi madre a Monterrey y realizar allá otra Graduación Celestial que ya habíamos vendido a Televisa por una millonada... Yo escuchaba todas estas babosadas y no sabía si reír o llorar.

Finalmente nos llegó el último análisis, todo quedó confirmado y decidimos que sería el 31 de diciembre. Queríamos despedir a mi madre con el año, así siempre que celebremos *New Year's Eve* la celebraremos a ella. Así también nos dábamos la oportunidad de comenzar el 2013 con nuevas metas y nuevas energías, si es que nos quedaba alguna.

El día de Navidad lo habíamos pasado en Encino, todos en familia, sin grandes regalos ni gran fiesta. Sólo entregamos aquellos presentes que mi madre dejó comprados para mis primos y algunas de mis tías. No le dio tiempo de terminar toda su lista, pero yo no quise que esos regalos apilados en su clóset se quedaran ahí. Esa noche, cuando todos se fueron, me dormí en el sofá de la sala con Johnny y Jenicka. Ninguno de los tres estábamos preparados para regresar oficialmente a esa casa enorme y tan llena de recuerdos.

Ahora, el fin de año lo pasaríamos en el camposanto. Elegimos el All Souls Cemetery, en nuestro querido Long Beach. No podía ser en otro lugar. Es la ciudad que la vio nacer, llorar, reír, caer y levantarse mil veces. Es su ciudad.

Mi deseo era cremarla para así sentir que su corazón estaba otra vez en una sola pieza, y llevarnos sus cenizas a casa. Pero mi madre dejó escrito que nada de incinerarla, que quería ser enterrada. Recuerdo cómo le gustaba bromear y nos decía: "Cuando me muera, que me entierren boca abajo, para que los *haters* sigan besándome el trasero". Ah, nuestra Jenni, ¡era única!

Decidimos también que esta ceremonia, a diferencia de su graduación, sería chiquita y muy íntima. Ni famosos, ni amigos, ni cámaras, ni muchas flores. Sólo padres, hermanos, hijos y los familiares más cercanos.

Bueno, a la lista añadimos un invitado más: Esteban Loaiza. Mi tío Juan logró convencer a mi tía Rosie, alegando que no habría cámaras y estaríamos a salvo.

Para nuestra sorpresa, Esteban rechazó la invitación. No vendría. Estaba muy molesto con nosotros. Sentía que lo habíamos marginado en esas dos semanas de luto y además, justo el 31 es su cumpleaños y le pareció de muy mal gusto que hubiéramos elegido esa fecha para despedir a la mujer que todavía amaba.

¡Y tenía tanta razón! Por eso te pido perdón por enésima vez, Esteban, en nombre de toda mi familia. Cuántos errores se cometen cuando nos ciega el dolor.

Y con mucho dolor en esa fría mañana de invierno, frente al capullo de mi madre y rodeados de puros Rivera, mi tío Juan y mi tío Lupe improvisaron dos canciones que les salieron del alma, pues nadie llevaba nada preparado. Todos dijimos algunas palabras de adiós o contamos anécdotas según lo sentíamos, pero esta vez sin público que nos aplaudiera. Ese momento fue totalmente entre Jenni y nosotros. Nadie más.

Los encargados del camposanto nos permitieron agarrar las palas y ser nosotros mismos, tomando turnos, los que dejáramos caer la tierra fresca sobre el capullo. Pero antes, mi tío Juan depositó dentro cartas escritas a mano que le escribimos la noche anterior, mensajes de amor, fotografías y un anillo que yo le regalé en su último cumpleaños. Fue un *promise ring*, una esmeralda preciosa que le entregué como símbolo de una promesa: que siempre la iba a honrar y que sería una buena hija.

Y ahí dejé a mi madre, cubierta por un manto de flores y mariposas. Y la que ahora está incompleta soy yo, porque ahí se quedó un pedazo enorme de mi corazón.

22.

POLVO EN EL ALMA

—**S**ister, yo ya quiero dormir en mi cama —me pidió Jenicka después de pasar varias noches en esos sofás gigantescos frente a la chimenea de la sala.

Seguíamos los tres ahí, abrazados, porque Johnny y Jenicka no querían que nos separáramos ni para dormir. Bueno, y yo por más motivos. Me resultaba muy difícil volver a instalarme oficialmente en la casa de la mujer que me corrió de su vida. Aunque desde lo más profundo de mi corazón y de mis oraciones sabía que mi madre ya no me guardaba ningún rencor, no era fácil subir las escaleras y entrar en mi recámara vacía o en su recámara llena de recuerdos agridulces.

—Ni se te ocurra —me dijo Jenicka como si supiera lo que pensaba—. Tú te quedas en esta casa. Esta es tu casa Chiquis. Siempre lo fue. Y no nos puedes dejar solos.

OK, estaba claro. Me tocaría dejar mi apartamento de Van Nuys, regresar con mis mil pares de zapatos y plantearme mi nueva vida a cargo de mis hermanitos y de la casa como en los viejos tiempos. Sólo que esta vez sin mi madre y con más inquilinos dentro: mi tía Rosie y su familia.

—¿Ya sabes, verdad? También le dejó la custodia a Rosie —me intentó advertir mi tío Juan días antes, aunque yo ya conocía los detalles legales del testamento de mi madre, al que se dio lectura en cuanto se confirmó que no había sobrevivido el accidente.

De hecho, todos asistimos a la lectura del testamento donde se me mostró la enmienda que borraba mi nombre. Todavía estaba muy conmocionada por la pérdida de mi madre pero me impresionó que todos me dijeran que estaban en desacuerdo con semejante decisión. Pero nadie, ni mis tíos, ni mi tía Rosie, sugirieron que se corrigiese el documento. Nadie.

Mi madre dejó a su hermana Rosie como tutora de sus hijos menores, Johnny y Jenicka, y también como albacea de su empresa: Jenni Rivera Enterprises.

Mi madre siempre fue una gran mujer de negocios, organizada y precavida. Por eso, meses atrás, había formado un fideicomiso, para asegurarse de que solo sus hijos se beneficiaran directamente y de por vida de todo lo que a ella tanto le había costado ganarse. Ni mis abuelos fueron incluidos por este motivo. Pero mi tía Rosie quedaba a cargo de la administración de por vida.

Y de mí ni hablemos. Yo estaba excluida de todo desde octubre, así que ni me preocupé de este papeleo legal. Aunque no negaré que el hecho de quedar fuera de la última voluntad de mi madre me hacía sentir todavía más extraña en esta casa: ¿quién era yo entonces? ¿La invitada, la arrimada o la *roommate?*

—Qué importa quién eres en esos papeles —me dijo Johnny—. Tú en esta casa eres Chiquis.

¡Cierto! No necesitaba título ni papel para quedarme al lado de mis *babies*, así que me resigné a vivir en la incertidumbre a cambio de poder estar con ellos. Mi tía Rosie andaba ocupadísima con su propia hija y su esposo, y estaba de nuevo embarazada, así que yo me encargué desde el primer día de mis hermanitos como siempre hice desde el día en que nacieron. Sólo que ahora tenía que pedirle permiso a mi tía para muchas cosas. No tener la custodia me dolía mucho.

Se me hacía extraño, y no negaré que esto generaba tensiones. Tenía que consultar detalles de escuelas, comidas o gastos de la casa con mi tía, que jamás había vivido con nosotros antes. La sola tarea de llevarlos al doctor me resultaba imposible.

Una noche, Jenicka sufrió un ataque de ansiedad muy serio, y al llegar al hospital me dijeron: "Lo sentimos, pero necesitamos la firma de su tutora". Tuve que sacar de la cama a mi tía Rosie, y me sentí como una inútil.

Pero ni modo. Los niños bien valían la pena esta lucha y muchas otras.

Y el testamento y la custodia no fueron los únicos asuntos legales que tuvimos que enfrentar. El accidente nos trajo más abogados, demandas, investigaciones y burocracia de las que jamás pudimos imaginar. ¡Hasta para despedirse, Jenni Rivera tuvo que armar desmadre!

El avión privado Learjet, que despegó de Monterrey con destino al aeropuerto de Toluca en el estado de México, se estrelló el 9 de diciembre entre las 3:10 y las 3:20 de la madrugada en Iturbide, estado de Nuevo León. Y no hubo contacto alguno con la torre de control antes de que la nave desapareciera abruptamente de los radares a los diez minutos de haber emprendido el vuelo. Eso es lo único que sabíamos a ciencia cierta. Todo lo demás que se decía eran y son puras suposiciones. Éramos siete familias desesperadas en busca de la verdad, y cada cual creyó lo que más paz le daba a su corazón.

—Dejen de torturarse, nuestra Chay está ya descansando. Dejemos la verdad en manos de Dios —nos pidió mi tío Pete.

Sabias palabras. Nada nos iba a devolver a nuestra madre, a nuestra hermana o hija. Nada nos iba a devolver a nuestro Jacob, o a Arturo, a Gigi o a Mario, ni a los dos pilotos. Ni siquiera saber la verdad podría curarnos esta pena.

Arturo, Gigi y mi *sweet* Jacob llevaban años trabajando con mi madre. El éxito de mi madre era su éxito, sus penas, sus alegrías, sus risas, sus peleas y sus chistes. Compartían hasta un vaso de agua. Ellos iban en ese avión porque eran también parte de Jenni Rivera. Sé que les gustaba, les apasionaba. Ellos lograban que cada noche la maquinaria de Jenni funcionara.

También sé que mi madre era una jefa muy exigente, pero en cumpleaños y Navidad no permitía que nadie comprara los regalos para su equipo. Iba ella en persona y no escatimaba ni un dólar. Nada era suficiente para sus chicos.

No sé... tal vez era el momento de partir, todos juntos, por designios de Dios que jamás sabremos.

Aun así, pido perdón a las otras seis familias, por si en algún momento sintieron que mi madre fue la causa de su pena, o que a la única que llorábamos era a ella. Mi madre fue una más en ese grupo al que todos deberíamos llorar por igual. Yo los tengo a todos en mis oraciones. Sé que mi *mom* está en el cielo acompañada de sus mejores camaradas.

Y dejando a un lado todo ese lío de investigaciones y demandas que algunas de las familias de las víctimas presentaron, en ese recién estrenado 2013 tuve que enfrentar mi propio pequeño gran infierno: ¡cómo sobrevivir en esa casa donde me sentía como una intrusa!

Desde aquel bello *"don't worry"* y aquel "no te rajes" que escuché en medio del escenario de la Graduación Celestial, y aquel sueño antes de Navidad donde mi madre me abrazó, no había sentido ni su calor ni su presencia. Mis hermanos la soñaban todo el tiempo y sentían sus caricias. Yo no.

Pero esa primera noche en la que dejamos el sofá y subimos a dormir cada quien a su recámara, la volví a sentir.

Esa noche, apagué la luz, y agotada de tantas emociones, la llamé: "Momma, ¿dónde estás?, no puedo más, no puedo con tanto dolor y tanta culpa y tantas cosas nuevas que tengo que enfrentar". Esa vez no oí su voz, pero sentí sus caricias en mi cabeza. Las sentí muy suavecito y me pude quedar dormida como un bebé. Fue su manera de decirme: bienvenida a tu casa, este es tu lugar, no te sientas mal… nunca te tuviste que haber ido, mi *princess*.

Desperté con mucha paz en mi corazón y con muchas ganas de luchar por mis niños y arreglar las cosas para volver a ser una familia unida. No iba a dejar que testamentos, papeles o abogados me dijeran lo que tenía que hacer. *¡No way!*

A la noche siguiente regresé a mi cama con la esperanza de sentirla de nuevo, pero nada. Caí dormida sin lograr tenerla cerca. Ni esa noche, ni muchas más. Después de aquella caricia, parecía que me rehuía.

—Dayanna, mi madre me saca la vuelta. No me tomes por loca, pero sé que su energía está en la casa. Cuando entro a su habitación, sé que está ahí —le confesé desesperada a mi amiga—. Sé que vela por mí y por todos nosotros, y que está abriendo posibilidades y cosas buenas para nuestro futuro, allá desde donde está. Como hacía siempre. ¡Pero no se me acerca!

—Hmm, *sister*. —Dayanna se quedó pensativa—. Yo también siento que ella hizo las paces contigo y no te guarda ningún rencor, y que te quiere en esta casa. Pero a veces dudo: ¿la perdonaste tú, Chiquis?

—¡La amo! ¡La amo, la amo! Eso ni lo dudes —le grité un poco molesta.

—Amar y perdonar no es lo mismo, *sister*—. Con esa respuesta, mi fiel amiga me puso a pensar.

¡Oh, shit! Todavía le guardaba rencor a mi madre. Estaba dolida con ella porque se fue dejándome con el peor capítulo de mi vida a medias y ella era la única que le podría haber escrito un final feliz. Me acordaba de todas esas noches en las que me negó sus besos y sus abrazos, y me daba rabia. A dos meses de su partida seguía culpándola de mis penas y mis problemas, y eso no era justo.

Sentí que me asfixiaba y me puse a llorar:

—Te odio y te amo, Momma, ¿por qué te fuiste así?, ¿por qué me dejaste así?, ¿por qué me hiciste esto?, ¿por qué no me dejaste hablarte y besarte y explicarte?, ¿por qué…? ¡por qué!

Dayanna no sabía si abrazarme o sacudirme de los hombros para terminar con el ataque de ansiedad que me estaba dando.

—Escucha, Chiquis: perdonaste a tu padre, perdonaste a tanta gente, no me digas que ahora no puedes perdonar a tu madre.

—Tienes toda la razón. He logrado perdonar incluso a la novia de Elena por habernos metido en el tremendo chisme con el que comenzó toda esta pesadilla. Te juro que la perdoné hace meses. A la pobre tipa le jodía que Elena nos prestara tanta atención a mi madre y a mí, y simplemente se dejó llevar por los celos. Ya no le guardo rencor. Todas pecamos de celosas en esta vida, *sister*. Pero con mi Momma es diferente… es mil veces más profundo y para colmo ya no está acá, ¿cómo lo vamos a arreglar? —le contesté frustradísima.

—Búscale, *sister*, búscale la manera. No es imposible.

—OK. —Le prometí a Dayanna que lo intentaría y me sequé las lágrimas con la manga de mi pijama—. ¡Su pijama! —grité.

—¿De qué pijama hablas? ¿Ya te me volviste loca? —Dayanna se espantó con mi grito.

Es que de pronto me acordé de que esa mañana Mercedes regresaba a trabajar con nosotros en la casa. Melele, así la llamamos de cariño, ha sido nuestra fiel empleada por muchos años. Ella cocina, lava, plancha, nos regaña y nos cuenta sus aventuras de cuando era joven y las peleas con sus cuñadas. ¡Y a Melele le encanta echar todo a la *laundry!*

Rapidito bajé a la cocina y allí estaba nuestra Melele, con mopa y cloro en mano.

—Melele, la habitación de mi Momma ni la toques —le dije con desesperación.

—¡Mija, pero debe estar hasta arriba de polvo!

—No. Deja las sábanas y las cobijas como están. No pongas a lavar su ropa.

Las dos subimos a ver la recámara, y nada más entrar, Melele negoció conmigo:

—OK, Chiquis, no toco la cama ni la ropa, pero me vas a dejar que quite el polvo.

—Órale, pero sólo por encimita —accedí—. Pero esa pijama a los pies de la cama ni la toques.

Melele me dio un abrazo y entonces vi las lágrimas asomándose en sus ojos.

—Ay, mi Melele, a ver cómo salimos de esta —le dije sin soltarla de mis brazos.

La única salida, y yo lo sabía, era el perdón.

23.

EL MALDITO VIDEO

—*Cousincita*, es hora de verlo.

Entré en la oficina de mi madre y me quedé mirando ese enorme escritorio en medio de la habitación. La silla estaba vacía. Nadie se sentía todavía con fuerzas para ocupar ese puesto.

—¿Ver qué, Chiquis? —me respondió mi prima Tere que estaba ordenando papeles en una esquina.

En los últimos meses, Tere, la prima de mi madre, fue su secretaria, por lo que necesitábamos su ayuda para poner orden a todos los asuntos que habían quedado pendientes. Yo, más que nadie, la necesitaba para cerrar lo que a mí me quedó a medias.

—El video, prima, el video.

—¿Para qué, Chiquis? No te mortifiques. Ya pasó. Ya todos lo olvidamos.

—Mentira. El público no lo ha olvidado. Sigo recibiendo tuits con insultos. Y cada vez que veo a mis tíos, dudo de que estén convencidos de mi inocencia. Me dicen que me creen pero todavía tengo la duda... ¡y así no se puede vivir!

—OK, aquí lo tienes, tú sabrás. —Mi prima, resignada, sacó de un cajón un USB negro chiquitito y me lo dio.

Me tembló la mano al agarrarlo. Al fin lo tenía enfrente de mí: el maldito video que tanto daño me había causado. Sólo mi madre, su estilista y amiga Vanessa y la prima Tere lo habían visto. Ni siquiera mi tía Rosie había tenido oportunidad de echarle el ojo. Cada vez que lo pedía, mi madre le daba alguna excusa.

Me fui derechito a la computadora y lo abrí. Esas imágenes en blanco y negro me dieron escalofríos.

Me tomó cuatro horas revisar segundo a segundo las grabaciones de las tres cámaras de aquella fatídica noche: la del clóset de mi madre, la del pasillo que lleva a la puerta del cuarto de mi madre y la de la entrada principal de la casa. Nada... nadie... pasillos vacíos, el *hall* vacío... me vi a mí sentada en las escaleras hablando por teléfono... me vi entrando para despedirme de Esteban y saliendo muy normal a los cinco minutos exactos... me vi saliendo por la puerta principal... y a Esteban que bajó dos minutos después para apagar las luces y regresar a su cuarto.

Media hora después de mi partida, en la camarita del clóset de mi madre, la cual instalaron ahí para vigilar su caja fuerte, se alcanza a ver a Esteban pasar en dirección al baño, y salir un rato después envuelto en toallas. En la mera habitación no había cámara, por razones obvias. Nadie quiere tener espías en el lecho conyugal. Y el clóset estaba en penumbras. Sólo lo iluminaba la luz del baño.

Y después de que Esteban saliera de la ducha, horas y horas de absolutamente nada.

—*Cousincita*... estoy en *shock*... ¡Como pudo mi mamá crear una historia basada en un video que no tiene absolutamente nada! Tal cual se lo dije a todos desde el principio.

—Lo sé prima, pero ahora no quiero que te obsesiones tú con

ese video como se obsesionó tu madre. Pasaba horas mirándolo. Y me decía: "¿Ves, ves esa sombra? Es Chiquis que regresó a la casa y a oscuras subió a la recámara". Y te juro que yo no veía nada.

—¿Y por qué no le dijiste? —le dije a mi prima enojada.

—Chiquis, perdóname, sí que lo intenté, pero se enojaba conmigo y yo tenía miedo de perder mi trabajo.

Mi familia callaba, y los *bullies* y los *haters* seguían despedazándome en internet. Y algunos periodistas hasta alucinaban y hablaban como si ellos hubieran visto con sus propios ojos ese pinche video: "Y se ve a Chiquis salir abrochándose la blusa, y a Esteban subiéndose los pantalones, unos *jeans* oscuros...", escuché que decían una vez. Otro parecía conocer todos los detalles pues afirmaba que "... se les ve haciendo un trío con Elena, la amiga de su mamá...". Ni por respeto a la memoria de mi madre, que en paz descanse, se refrenaban de hablar tanta mierda.

Ese mismo día llamé a mi abuelita y le dije:

—Abuelita, este domingo los quiero a todos acá en la casa. Ayúdame a reunirlos. Es hora de que me den la oportunidad de hablar que me negaron el año pasado.

Mi abuelita Rosa se encargó de convencer a todos para que vinieran. Esto no podía quedar así. Yo necesitaba contarles mi versión de los hechos y explicarles que mi madre había cometido un trágico y terrible error.

Esa tarde todos mis tíos se juntaron por primera vez desde el día del sepelio. Y se sentaron a ver el aburrido video. Ninguno pudo terminar de ver toda la grabación. Perdían el interés, se levantaban al baño o se ponían a platicar. Obviamente no vieron nada que los alarmara y nadie entendió de dónde salió semejante chisme.

Yo aproveché para mostrarles también mis facturas de teléfono que comprobaban con quién estuve hablando en las escaleras, a qué hora salí de la casa y a qué hora llegué a la mía y llamé a mi novio antes de acostarme. ¡Cómo me hubiera gustado haberle enseñarle esos mismos papeles a mi madre! Desde que estalló el escándalo, lo único que yo le había pedido era que me escuchara. Mi madre no alcanzó a hacerlo, pero al menos mi familia sí pudo aunque fuera demasiado tarde.

—Chiquis —me dijo mi tío Pete con mucha humildad y amor—, no nos importa ese video ni nada más que tú. Perdona si alguna vez dudamos. Nos queda claro que eres incapaz de algo así. Te queremos, Chiquis.

Todo fueron besos y abrazos, y se lo agradezco. Por primera vez en mucho tiempo me sentí apoyada, respetada, amada. Pero con todo y eso, no quedé satisfecha. Ninguno dudaba de mí, de eso estaba segura, pero también sabía que ninguno saldría públicamente a limpiar mi reputación.

—OK, Chiquis, es cierto. No hay pruebas físicas, como juraba tu madre —me explicó mi tía Rosie—, pero ya qué importa. Ella ya no está con nosotros. Para qué moverle.

No me lo podía creer. ¡Le tenían miedo hasta después de su partida! Preferían dejarme en el tanque de los tiburones que contradecir a mi difunta madre. ¡Increíble!

Tal vez si lograba juntar todas las piezas de este rompecabezas de chismes y suposiciones, yo solita podría quitarme esa marca en la frente que me estaba asfixiando y que me impedía seguir adelante con mi vida. Si completaba el rompecabezas, pensé, lograría el perdón de los fans y, más importante, alcanzaría a perdonar a mi madre. ¡Me hacía tanta falta sentirla! Ella seguía cuidándome y guiándome, pero de lejitos. De muy lejos. Y cada vez que un primo o un hermano me decía: "la soñé anoche", o "la sentí con esta canción", me moría de la envidia. La tenía que perdonar, y para eso, la tenía que entender.

—Vanessa. ¿Cómo estás? —al escuchar mi voz se quedó muda un par de segundos.

—Bien, bien, Chiquis. Qué sorpresa. ¿Y tú?

Vanessa, la estilista y amiga más cercana a mi madre en sus últimos meses de vida, la misma que casi me degüella con la mirada en la quinceañera de Jenicka, era la única que me podía ayudar a completar mi doble misión: quitarme la letra escarlata del pecho y lograr que mi madre me volviera a acariciar, al menos en mis sueños.

—Necesito verte —le dije—. Eres la única que me puede sacar de esta, por favor.

Vanessa ya me había saludado en la Graduación de mi madre y me había dado un abrazo de reconciliación, pero las dos sabíamos que teníamos una conversación pendiente.

—Claro, Chiquis. Yo también siento que es hora de hablar. Ven a mi casa. Te cocinaré algo rico.

Así somos los mexicanos. No hay plática a corazón abierto sin botana en la mesa. Un buen caldo de res o de pollo todo lo arregla. Hasta las enemistades del pasado se desmoronan como el queso fresco.

—Primero, Chiquis, te quiero pedir perdón. Yo también vi ese video con tu madre y allí no vi nada sospechoso. Perdóname, pero no supe cómo convencerla —me dijo con la voz entrecortada por las lágrimas en cuanto llegué a su casa. Tuve que agarrarla de la mano muy fuerte por encima de la mesa para que sintiera mi cariño. Yo no estaba ahí sentada para juzgarla o interrogarla. Lo único que quería era revivir los últimos días de mi madre a través de sus ojos y sus recuerdos.

Vanessa fue la última persona con la que mi madre platicó

antes de partir a Monterrey. Ella mejor que nadie podía ayudarme a resolver el misterio.

—Tu *mom* insistía y me decía que después de que Esteban se metió en la ducha, tú regresaste a la casa y, sin prender las luces, te metiste en el clóset a esperar que saliera y ahí mismito lo hicieron. No le podía discutir, era muy fuerte. —Vanessa me contó con todo detalle las palabras y las reacciones de mi madre—. Y yo le dije: "Jen, si ellos sabían que había cámaras justito en esa esquina, ¿por qué se meterían a coger en el clóset? No son tan pendejos, podrían haberlo hecho en la habitación donde no había cámaras ni nada. De todos los lugares de la casa, tu clóset era el más vigilado...". Te podrás imaginar cómo se puso tu madre. ¡Como una fiera! No quería que le peleara nada.

—¿Pero no intentaste hacerla entrar en razón? —pregunté.

—Sí, en dos ocasiones, y en las dos me fue como en feria. Una noche, mientras regresábamos del aeropuerto porque perdió un vuelo, lloraba y lloraba al volante, y me repetía: "No lo puedo creer, mi propia hija, mi propia hija...". Y yo la cuestioné de nuevo: "¿Estás segura amiga? Porque yo no lo veo claro...". Tu madre se puso a dar manotazos al volante, emputadísima, y a gritarme: "Si no me crees, que te chinguen, eres como los demás, a la chingada todos, si no me crees ¿para qué eres mi pinche amiga?".

Vanessa hizo una pausa y comenzó a llorar otra vez. Esos recuerdos le dolían tanto a ella como a mí. Aún asi continuó:

—Así que después de esa, me dije: *fuck it*, si mi amiga está equivocada, OK, pero no la voy a perder, no la voy a dejar sola. Mejor me callo. Y después, todo el mundo llegó a echarle más leña al fuego y te juro que hasta yo me lo acabé creyendo. Toda la bola de lambiscones le decían: "Oh sí, yo también sospechaba de ellos, los vi hablando en secreto" o "los vi saliendo del carro... los vi, los vi". Esos moscos, como tú los llamas, convirtieron las sospechas en realidad. Lo que comenzó en la cabeza de tu madre, terminó en la boca de todos.

—¿Por qué, Vanessa? ¿Por qué querrían familiares y amigos causarnos tanto daño? —Me resultaba difícil entender cómo la maldad de algunas personas podía llegar tan lejos.

—Por nada, Chiquis, sólo por ganarse el favor de tu madre. Y supongo que más de uno se alegraría de verlas separadas y enemistadas. Cuando tú estabas en la casa, todo era Chiquis, Chiquis, y tu madre te buscaba para todo. Ahora estaban felices de que tú no influyeras en nada y ella les prestara más atención.

—Qué horror, Vanessa. Te juro que esto de la fama nos ha costado muy caro. ¿Pero mi Momma no se daba cuenta?

—No, Chiquis. Tu madre esos días no era la misma, no era la de siempre. Se sentía sola, muy sola, estaba en un lugar emocional al que nadie podía llegar. Yo creo que Jenni estaba pasando por una etapa en la que se sentía cansada y pensaba que todo el mundo le había fallado, o robado o traicionado. Yo creo que el estrés la atacó muy duro. El estrés de quince años de trabajo sin parar, de aviones, hoteles, *shows*, conciertos, el perfume, el tequila, los programas de televisión y los mil negocios. Y para colmo, tu madre andaba en una dieta estricta y dormía poco, y cuando andas hambreada y con sueño es fácil ponerse toda *bitchy* y enojarse más de la cuenta. Estaba irritable, y gritaba por cualquier cosita. *My poor* Jen no podía más, y para variar, ahí estaba la familia chinga y chinga, con sus broncas y sus hermanos que siempre le daban problemas.

—Sí, recuerdo que en esos días no se hablaba con mi tío Lupe —la interrumpí.

—Así es, Chiquis. Me decía que estaba cansada de jugar al policía para que no se pelearan y que no se enojaran porque ella le daba más a unos que a otros. Y ustedes en la casa también la tenían hasta la madre. Johnny con sus travesuras, Jacqie con su embarazo, Mikey con el disgusto de la menor y tú, Chiquis, contigo era con la que más sufría.

—¿Pero por qué? ¡Si yo fui la que más la ayudé y más duro trabajé!

—Tu novio, Chiquis... Jenni y tu novio eran muy iguales y competían por tu atención. Ella sentía que no era hombre para ti y se moría de celos porque él te iba a llevar lejos, y este chavo no era como tus otros noviecitos que la obedecían en todo.

—Sé que mi madre llevaba un año en un tratamiento de hormonas —le comenté a Vanessa—. No sé, tal vez eso también le afectó.

—Creo que fue más el estrés. Mi pobre amiga... y los fantasmas del pasado que siempre regresaban. Tu madre jamás olvidaba lo mucho que los hombres la hicieron sufrir y lo que les sucedió a ti y a Rosie... todo se le juntaba. Se sentía derrotada con lo de Esteban. Ella no lo amaba y no quería aceptar ante el mundo que este matrimonio también se le iba a la chingada. ¡Un fracaso más! La Gran Diva triunfaba en los escenarios, pero en su vida personal sentía que todo le iba de la patada... y se aisló tanto emocionalmente, que no dejó ni a sus mejores amigas entrar en su corazón. Era la soledad, Chiquis.

—Entiendo su sufrimiento, pero sigo sin comprender por qué tanto coraje hacia mí...

—Yo tampoco. Era demasiado. A Esteban le siguió hablando después de la separación y hasta vino a la casa a recoger algunas cosas y ella lo trató bien. Y yo me preguntaba: "¿Por qué a su hija no le da ni la oportunidad de hablar, aunque sea por teléfono?".

Justo entonces, me cayó el veinte y una gran sonrisa iluminó mi rostro, para sorpresa de Vanessa.

—Chiquis, eso debería sacarte de onda. A él sí le hablaba y a ti no.

—No, no entiendes, Vanessa. Me acabas de confirmar lo que más me urgía saber: mi madre jamás se creyó completamente que yo me había acostado con Esteban.

—¿Cómo? No entiendo.

—Mi madre se lo medio creía en su cabeza pero no en su corazón. La conocía bien. Tú la conocías también. Si se lo hubiera creído de veras, jamás hubiera dejado a Esteban recoger sus cosas, se las habría quemado como le hizo a Juan y jamás lo habría dejado entrar en la casa. ¡Tú conocías a nuestra Jenni!

—*Wow*, ¡tienes razón! —Vanessa lo vio de repente—. Le habría dado tremenda putiza a Esteban ahí mismito. Se lo habría madreado, y a ti también Chiquis. Lo siento, pero tu madre no te hubiera corrido de su vida sin antes darte un buen par de cachetadas.

—¡Exacto! Mi madre no se fue de este mundo pensando que soy una puta. Con eso me basta.

—Y hay más, Chiquis —me dijo Vanessa mientras sus ojos se llenaban de lágrimas otra vez—. Tu madre estaba en mi casa el día de *Thanksgiving* cuando Rosie le envió tu *e-mail*. Lo leyó enfrente de mí, en su BlackBerry. Mientras lo leía no podía parar de llorar. Y yo le dije: "*Listen*, Esteban es sólo un hombre más, pero tu hija es tu hija. Quiero que me respondas con el corazón en la mano: Si tu hija se cogió a Esteban, ¿la vas a perdonar?". Tu madre bajó la cabeza y dijo un "sí" muy suavecito. "Y si tu hija nunca se cogió a Esteban, ¿le vas a pedir perdón por lo que le hiciste pasar?". Sin levantar la cabeza me contestó: "Sí, pero necesito tiempo, denme tiempo".

—Maldito tiempo. ¡Pinche tiempo, no nos alcanzó! —Sentí que me subía el coraje por las venas. Coraje contra la vida misma, que me la arrebató antes de tiempo. Era todo lo que mi madre pedía: tiempo. Y es justo lo que no se le concedió.

—No te enojes, Chiquis. Dios así lo quiso. Fue su voluntad —dijo Vanessa intentando calmarme.

—Yo sé, yo sé, pero duele. Me cuesta resignarme. Ella intentó darme una lección de una manera muy extraña. Ahora lo entiendo, Vanessa, me estaba perdiendo y no lo podía soportar. Sé que me iba a dejar regresar a su vida y que sólo me quería dar una lección de madre a hija, para que supiera lo mucho que dolía perderla. Fue eso, Vanessa. Lo veo clarito ahora. Yo tampoco fui la mejor hija, y no se lo puse fácil, lo reconozco.

—Yo sé —dijo Vanessa—. Yo fui testigo de cuánto se amaban y cuánto se odiaban ustedes dos. Jenni era celosa, no lo negaré, pero tú también. Y las dos tan cercanas en edad, no debe ser fácil vivir bajo el mismo techo con otra mujer y no competir en las cosas más tontas: en los *jeans*, en las amigas, en los chistes... Chiquis, tú la chingabas y Jenni te chingaba siempre que podía. Las dos eran muy cabroncitas, yo las oía discutir... pero no podían vivir la una sin la otra.

—Sí, es verdad, todas en esta familia somos celosas, ¡y celosos! Somos como cualquier otra familia: el pequeño le tiene celos al mayor, y el mayor al pequeño. ¡Pero te juro que nos amamos mucho!

—Sí, pero esta vez los celos se acumularon y hubo hombre de por medio. Esos celos los noté el día que te fuiste a cenar con Esteban y con los niños a Las Islitas... a tu madre no le gustó... tampoco le gustaba dejar a Esteban a solas con su asistente Julie... no sé... la vida la hizo celosa con los hombres... no la culpo... demasiadas veces la engañaron y le hicieron cosas mucho peores.

Tres platos de sopa y tres horas más tarde, finalmente llegamos al fondo de la cuestión:

—Ni lo dudes —insistió Vanessa—, fue el cansancio, fueron los celos, el estrés y los malditos chismes. Todo revuelto en este pinche pozole. Pero te juro que te lloró y no te dejó de amar ni un segundo.

—Gracias, Vanessa, no sé cómo agradecerte todo lo que me acabas de contar. Ahora sólo dime: esa última noche con ella, quiero saber qué hizo, qué dijo, que comió... ¡todo!

—Fue el jueves antes del accidente. Me vino a buscar de sorpresa al salón, llegó vestida toda de negro, con unas botas y un sombrero precioso, y me pidió que la acompañara al *mall*. Fuimos a Topanga y reímos, platicamos y paseamos por todas las tiendas. Nunca la vi gastar tanto dinero... compró regalos de Navidad para sus empleados en México, para tus primos... veinticinco mil dólares en un par de horas. Después fuimos a su casa y me cocinó unos huevos rancheros y subimos a su habitación para que yo le ayudara a empacar. En unas horas tenía que irse al aeropuerto rumbo a sus últimos dos conciertos... "Me quiero llevar todas mis joyas más caras", me dijo. Y yo le contesté: "¿Para qué?". "Porque son mías, ja-ja-ja", me respondió y me mandó a la chingada. Cuando terminamos de elegir trajes y zapatos para sus *shows*, nos quedamos mirando los dos maletones enormes, y ella, agotada, puso un pie en la pared, bajó los hombros y con un suspiro me dijo: "Después de este viaje se acabó, *girlfriend*, estoy cansada de esta mierda... quédate a dormir acá...". Le dije que no podía, tenía que trabajar muy temprano. Así que se acostó en la cama y se acurrucó como una bolita bajo las cobijas... Me daba tanta tristeza dejarla así.

Vanessa se ahogaba de la pena al recordar a su amiga acurrucada en aquella enorme cama, y tuvo que respirar profundo para poder continuar.

—Le acaricié el cabello y le dije: "Todo se va a arreglar, no te preocupes... ¿Vas a regresar el martes, verdad?". Asintió con la cabeza, sin fuerzas, y le di un beso en la frente. *"OK, I love you, bye"*, le dije mientras apagaba las luces y salía de su habitación... *"I love you"*, me respondió bajito... Sentí que la dejaba muy sola... Solita en esa casa llena de gente que la amaba, y en lo más alto de su fama, con miles de fans que la adoraban... pero sola.

—No te culpes, Vanessa, hiciste lo que pudiste. Siempre te agradeceré que hayas estado ahí, junto a ella, en las buenas y en las malas. Gracias.

Era hora de levantarse de esa mesa y despedirse. Los recuerdos y las confesiones nos habían dejado exhaustas, pero con mucha paz en el alma.

—Perdóname, Chiquis, perdóname de nuevo, porque te juzgué y no te defendí —me repitió Vanessa con su último abrazo—. Ojalá hubiéramos hablado antes; yo habría encontrado alguna manera de arreglar todo esto. La lección la aprendí yo: a partir de ahora siempre obedeceré mis instintos, y no me quedaré callada, porque quién sabe si mañana estaremos acá para decirnos ese último *I love you*.

—*I love you*, yo también te quiero, Vanessa.

Me subí a mi auto. Ya era de noche y el pinche frío de febrero se dejaba notar en esa parte del valle de San Fernando. Y pensé, mientras manejaba de regreso a Encino, que en medio de este enorme sinsentido, todo tenía ahora más sentido.

24.
HAPPY BIRTHDAY, MOM

No estoy pidiendo joyas
ni pieles ni palacios

Sentada en el avión de Nueva York a Los Ángeles, no me podía sacar esa canción de mi madre de la cabeza. A seis meses de su partida, era la única que podía escuchar sin echarme a llorar. Todavía no era capaz de mirar ni uno solo de sus videos.

Ojalá comprendieras
que estoy desesperada

Cada verso me hablaba a mí, cada estribillo era dedicado a mí, a la desheredada, la pobre niña rica, la arrimada en su propia casa, y aun así, eso no me quitaba el sueño. Mi desesperación era otra.

Acababa de copresentar *The View*, rodeada de las más grandes leyendas del periodismo y del entretenimiento, como Barbara Walters y Whoopi Goldberg. Por cierto: Barbara hizo honor a su

227

nombre: ¡qué bárbara! Trató el tema del abuso en la familia y el de la pérdida de mi madre con tanta dulzura y elegancia que los nervios se me esfumaron nada más con mirarla a los ojos.

Esa misma semana me habían ofrecido otros dos proyectos de televisión muy tentadores. Era innegable que mi madre velaba por mí y me abría puertas. No estaba completamente sola, pero seguíamos con esa fría distancia entre las dos.

Ahora iba a ser su cumpleaños, y el mío, y el de mi tía Rosie. La primera vez que los pasaba sin ella. Y justo la soñé. La soñé esos días en Nueva York. En el sueño no me besó ni me abrazó. La vi muy cansada, con aspecto andrajoso, despeinada y muy flaca, y me decía que no había muerto, que la habían raptado... se veía preciosa dentro de su dolor, no lo puedo explicar. Me dijo: "No vendas la casa. Sé que vas apurada y esa casa te da miedo, es muy cara, pero no la vendas, Chiquis. Ahí estoy yo con ustedes. Te va a ir bien". Yo intentaba acercarme, pero aunque me moviera, ella parecía estar siempre a la misma distancia. ¡Malditos sueños raros! Como las veces anteriores, la sentí tranquila, en paz y con inmenso amor hacia mí, pero lejos de mis brazos.

Ese sueño fue cortito, pero me confirmó que, en efecto, ella me estaba señalando el rumbo a tomar. "Tal vez nuestro plan de que tú manejes mi carrera se nos cumpla de esta extraña manera, Momma", pensé recostada en ese asiento del avión camino a casa. Nada más aterrizar me esperaba otra difícil tarea: nuestros abogados nos avisaron de que mi padre, Trino, había solicitado una vista ante el juez para apelar su sentencia. Y yo iba a estar presente, le gustara o no.

Ironías de la vida, la cita en el juzgado fue el mismito 26 de junio, el día de mi cumpleaños. "¿Se acordará?", me pregunté en cuanto me senté en esos fríos bancos de madera.

Y a los pocos minutos entró él en la sala, por la puerta lateral, esposado, con traje naranja y acompañado de dos oficiales. Se le veía viejo, acabado, con muchas canas y una panza enorme. Estaba claro que sus años de galán habían quedado atrás. Pero su actitud no había cambiado: no volteó a mirarme y sus gestos eran arrogantes y altaneros. De repente me di cuenta de que mis sentimientos hacia él sí que habían cambiado: aunque no lo odiaba y mi perdón seguía muy presente, ya no me daba pena. Y no sentí aquella necesidad de que me aceptara, me hablara o tan siquiera me mirara.

Muchas veces intenté establecer contacto con su familia al igual que con él, y cada vez me lo negaron. En cambio, a mi hermana Jacqie, desde la partida de mi madre, empezaron a invitarla a las reuniones de los Marín e incluso se hizo amiga de nuestro hermanastro. Yo, mientras tanto, seguía repudiada e ignorada, y me dolía. Aun así, me enteré de que mi abuelito Trinidad estaba muy enfermo y de que eran sus últimos días. Sin importarme qué caras pusieran, me planté en la casa de una tía para darle un beso. Mi abuelito siempre fue muy bueno conmigo y nadie me podía negar el derecho a despedirme de él.

Ese día, para mi sorpresa, todos me hablaron y me sonrieron, e incluso una de mis tías me confesó al oído: "Chiquis, prepárate, porque muy pronto tu padre va a querer verte. Muy prontito". De repente noté mucha miel y desconfié. Mucha miel, pero ninguno tuvo la decencia de darme el pésame por mi madre. A cuatro semanas del accidente, nadie tuvo los huevos de preguntarme al menos: "¿Ya estás mejor, Chiquis? Sentimos lo que pasó". Se me revolvió el estómago y me fui de esa casa antes de que tanta miel me empachara.

Ahora entendía, sentada en esa misma corte de Long Beach donde cinco años atrás libramos la gran batalla de nuestras vidas, por qué tanta miel de mis tías y por qué mi padre estaba pidiendo al juez con tanta arrogancia que le rebajaran esos veintiséis años que todavía le quedaban por delante: ¡porque su enemiga número uno, a la que más temían, ya no estaba acá para protestar! ¡Cielos! Dolores Janney Rivera, su mayor rival, había desaparecido y eso los envalentonaba.

Pero el juez, esa mañana, con o sin la presencia de mi madre en este mundo, negó la apelación. Sencillo y rápido. No.

"No estará acá para hablar con este juez, pero está sentada más arriba, al lado de un juez más chingón que este", me dije mientras daban martillazo al caso.

Cuando lo escoltaban para regresarlo a su celda, pensé: "Que Dios te cuide, Dad".

Así se me salió del corazón. Lo que me hizo de chiquita ya se lo perdoné mil veces. Pero sería traicionar a mi madre si yo buscara la amistad de un hombre que jamás nos envió un mensaje de condolencias y que parecía alegrarse de nuestra desdicha.

Una semana después celebramos el cumpleaños de mi mamá. Ese día llegó con regalo para todos: su libro autobiográfico, *Inquebrantable*, salió a la venta en esa fecha, y en poco tiempo se convertiría en tremendo bestseller. Y confieso que hasta hoy no he leído más que algunas partecitas. No puedo. La tristeza me nubla los ojos cada vez que lo intento.

Para este primer cumpleaños sin ella, decidimos reunirnos todos los Rivera en el jardín y hacer una ceremonia chiquita y sencilla. Melele me insistió:

—Chiquis, ponte aquel vestido estampado de tu madre. No seas malita. Está ahí en su clóset. Póntelo.

Para hacerla feliz, me puse ese vestido largo, alegre y muy cómodo que tanto le gustaba a mi Momma lucir para las fiestas familiares, y bajé a reunirme con mis hermanos. Todos sonrieron al verme. Aunque los recuerdos nos comían vivos, no íbamos a llorar.

Y entre risas y chistes, y después de una bella oración, soltamos globos blancos al cielo, con mensajes y deseos escritos dentro. El mío decía: "Please, *Momma, ayúdame a educar a mis hermanitos de la forma que tu quisieras que lo haga. Y ayúdame a perdonarte*".

Ese globo lo vi subir alto... y más alto... hasta convertirse en un puntito sobre las colinas de Encino. Después se perdió en el azul inmenso del valle.

"Si perdoné a mi padre por tanto daño, si perdoné a aquella otra mujer, si perdoné a tus fans, que tanto me hirieron, si perdoné a Esteban porque no tuvo pantalones para aclararlo todo, perdoné a mis tíos por dudar de mí y por no defenderme... ¿por qué no puedo perdonarte a ti, Momma? Con todo lo que te amo, ¿por qué? —Mi corazón seguía roto—. ¿Por qué me duele tanto que te fueras sin darme un abrazo, sin retirar esas acusaciones y sin darme un beso?".

Entonces, buscando entre las nubes el puntito del globo con la esperanza de verlo todavía, me acordé de aquella frase: "del amor al odio hay sólo un paso". ¡Qué par de sentimientos tan cercanos y a la vez tan lejanos! Como el yin y el yan. Y en medio, mi madre y yo, y ese pinche perdón que se me resistía.

25.

"PALOMA BLANCA"

Cómo pasa el tiempo... los meses y los años en el calendario iban a toda velocidad y ya estábamos en enero de 2014. Era viernes, un viernes frío, pasadas los ocho de la noche, y me subí a la camioneta, solita. No quería que nadie me acompañara. Sólo me llevé una botella de tequila de La Gran Señora, y con *sweat pants* y Ugg *boots* me dirigí a darle rumbo a mi nueva vida: a grabar mi primera canción en el estudio.

Lo había decidido meses atrás: retomaría los planes de entrarle a la cantada en cuanto pasara el primer aniversario del accidente.

Ese primer aniversario lo celebramos en la mismita Arena Monterrey donde mi madre cantó su último concierto antes de subirse al maldito avión. Fue muy duro ver por primera vez ese aeropuerto desde donde despegó aquel domingo de madrugada. Fue duro recorrer esa misma carretera camino a su hotel. Pero ahí estuvimos todos los Rivera, rodeados del cariño inmenso de los fans. Miles de voces gritaban: ¡Jenni vive! Yo sólo presenté a un par de artistas durante el homenaje, algunos de mis tíos y hermanos se animaron a cantar. Hasta mi tío Lupe, que dijo que no vendría, apareció a último minuto, dejando a un lado las broncas con sus hermanos.

Pero lo que más recuerdo es el intenso amor que mi madre nos enviaba a través de sus fans. Cuando el público gritaba "¡Chiquis!", "¡Rosie!" o "¡Jacqie!", era la voz de mi madre diciéndonos: "estoy aquí presente, los amo". Presente, sí, pero a tres pasitos de mí. Mi madre todavía no caminaba de mi brazo.

Al terminar el evento me quedé mirando el estadio medio vacío mientras la gente iba saliendo, y oré con los ojos cerrados: "*I miss you mom*, sé que estuviste aquí y que me estás escuchando: ahora soy yo la que te pide tiempo, dame tiempo para arreglar todo en mi corazón".

Y un mes después acá estaba yo, de camino al estudio, con "Paloma Blanca" en la mano y pensando que esta sería la noche y esta la canción. Esos versos los escribí para terminar con mi rencor y mi dolor. A mi madre le gustaba arreglar nuestras broncas dedicándonos canciones, así que yo haría lo mismo.

En el estudio sólo me esperaba Fausto Juarez, el productor e ingeniero. Yo misma había dado órdenes de que no quería más gente presente. Le pedí que bajara las luces, me tomé dos *shots* del tequila de mi madre y lloré… lloré mucho.

Vuela alto, vuela libre
Vuela mi paloma blanca
Que aunque ya no estés aquí
Yo viviré bajo tus alas

Y canté. Canté mucho en esa cabina aislada y casi a oscuras. Pero mi madre no se me acercaba.

Tenía tanto que decirte
Pero tú no me dejaste
Voy a tapar el dolor
Con el amor que me enseñaste

La canté enterita tres veces, y sólo paré para secarme las lágrimas.

Pude haberme equivocado
Pero nunca fue pa' tanto
Está fuera de este mundo
Traicionar a quien más amo

Y pensé que al terminar la última toma, ese perdón tan deseado me envolvería... pensé que ese sería el momento en el que Dios me permitiría sanar mi herida.

Voy a rezar en tu nombre
Voy a pedir que descanses
Siento que tu alma me escucha
Así que hagamos las paces

Y no. Nada. Le dejé la grabación a Fausto y me fui desilusionada. Mis emociones iban y venían como locas.

En mi camioneta, mientras veía pasar las luces de los autos que desfilaban de frente por Ventura Boulevard, grité: "¡Dios, te lo ruego! Tengo que deshacerme de esta pena que tanto me pesa. Si el tiempo todo lo cura, ¿qué chingados me está pasando?".

Mientras yo seguía intentando encontrar la paz, a otros el tiempo les hizo su efecto.

—Chiquis, tu tío Juan y yo pensamos que ya es hora de saldar nuestra deuda contigo —me dijo mi tía Rosie desde la puerta de mi cuarto. De inmediato supe que era algo importante. Ella, su esposo y sus dos hijas residían en la primera planta de la casa y rara vez subían al segundo piso donde Mikey, Johnny, Jenicka y yo teníamos nuestras habitaciones. Sin ni siquiera hablarlo, cada familia se había acomodado en un rincón de la enorme casa. Juntos, pero no revueltos.

—Con Juan decidimos que daremos una entrevista esta semana para limpiar tu nombre y explicar al mundo que tú jamás tuviste nada que ver con Esteban. —Mi tía hablaba en serio. Lo tenían decidido.

—OK... —le contesté con cierta desconfianza—. Si es lo que desean, órale. Yo ahorita tengo problemas más grandes en los que pensar, y la verdad el público ya se aburrió del tema. Va para dos años desde el escándalo, tía. Pero si eso es lo que sienten que deben hacer, adelante. Sólo una preguntita: ¿por qué ahora?

—Chiquis, porque ahora sé lo que sentiste todo este tiempo. No sé cómo pudiste vivir con la humillación pública y el *bullying* —me dijo.

Me di cuenta de que Rosie estaba a punto de llorar, y de pronto lo entendí: desde que tomó control de Jenni Rivera Enterprises como albacea, la gente no había hecho más que despedazarla: que si se está clavando la lana, que si es una bruja interesada, que si cobra por entrevistas, que si vive de gratis en la casa de la difunta, que si le cobra renta a Chiquis. Ahora ella sabía en carne propia lo que era estar en boca de todos y ser el centro de las envidias y los chismes... y no le estaba gustando. La vi cansada y no la culpo. Cargar con todo lo que dejó mi madre está bien cabrón. Sólo Jenni sabía cómo lidiar con tantas responsabilidades, críticas y obstáculos. E incluso Súper Jenni, la más fuerte de todos nosotros, llegó a caer rendida.

—Te pido perdón, Chiquis, por no salir a defenderte antes, pero el amor por mi hermana me lo impedía. Defenderte a ti era admitir públicamente que Jenni estaba equivocada, y no me sentía con fuerzas de manchar su memoria. No podía, después de perderla de manera tan trágica. Ahora ya es momento.

Y dicho y hecho. Ya tenían planeado cómo lo harían. Rosie y Juan se sentarían con Myrka Dellanos y le darían la exclusiva. "*Oh, well* —pensé—. Al menos será con Myrka, que es una *lady* y sabrá tratar el tema con clase".

—Gracias, tía. Te lo agradezco… Más vale tarde que nunca. Pero no espero mucho de esto. Que sea lo que Dios quiera —le respondí y le di un abrazo.

Nuestra relación todo ese año no había sido fácil. Habíamos tenido nuestros problemitas, como era de esperarse, después de tanta presión emocional y legal que tuvimos que superar. Ella tenía el título, pero yo hacía el trabajo de madre y de ama de casa. Mis hermanitos y yo teníamos una manera de hacer las cosas, y ella y su familia otra. Pero juro que las dos intentamos hacer las cosas bien cada día, tal como mi madre lo hubiera deseado.

Y dicho y hecho. Mi tío Juan y mi tía Rosie dieron su entrevista, y de alguna manera al verlos y escuchar sus palabras, les perdoné que se hubieran tardado tanto. Aunque, como me imaginé, estas declaraciones tuvieron poco efecto en el público y poco efecto en mi corazón, que de todas formas seguía en guerra.

La paz que buscaba me llegó poco después, pero por otro camino. Me llegó por una gran cagada que me aventé. La tuve que regar muy gacho para tocar fondo y encontrar a mi madre otra vez.

Finalmente se estrenó "Paloma Blanca" en casi todas las radios del país. Juro que nunca escuché los arreglos finales que le hicieron ni la copia que enviaron a las estaciones. Y de pronto mi Twitter se incendió con los comentarios más horrendos:

Pinche vieja no sabe cantar… Vaya mierda de canción… Se quiere agarrar de la fama de su madre… Quiere ser como Jenni y no le llega.

¡Oh, no! ¡Otra vez hostigada! Me vine abajo. Me desmoroné. Aunque tengo que aceptar que los insultos, después de tantas veces que me dijeron puta en el pasado, ya no me hacían tanto daño. Lo que me dolía era haberla regado así de gacho justo con la canción que supuestamente tenía que ser la medicina entre madre e hija.

En mi defensa diré que es una canción difícil, con muchos graves y agudos y no hicimos mal trabajo como equipo. Pero el corte que salió en la radio no era el que debía de haberse publicado. ¡Fue un error estratégico! Nunca tuve la oportunidad de masterizar correctamente el tema.

—Vamos a relanzarla —fue la respuesta inmediata de mi productor.

—No, si la regamos, la regamos. Ya ni le muevan, por favor —les pedí en un ataque de sinceridad. Una cosa que todos aprendimos de mi madre es a dar la cara cuando la regábamos y a no huir de nuestros errores.

Me fui para mi casa y me pasé días leyendo esos mensajes tan agresivos. En algo tenían razón: como cantante me queda mucho camino por recorrer. Pero solita intentaba darme ánimos: mi madre también empezó cantando dos que tres y terminó educando su voz y su estilo. Sé que algún día yo también lo lograré.

Y cuando recibía esos tuits de *Te estás colgando de la fama de tu madre y te quieres parecer a ella*, me daban ganas de gritarle al mundo: ¡claro que me parezco a ella! ¡Soy su hija! ¿Acaso ustedes no se parecen a sus madres o a sus padres? ¿No caminan como ellos o hablan como ellos? ¿A quién chingados quieren que me parezca, a Céline Dion? Y de colgarme de la fama de mi madre, nunca fue mi intención. Aunque ese era el deseo que ella nos repitió una y mil veces: "Estoy creando un patrimonio para que ustedes lo aprovechen. Estoy construyendo un nombre para que ustedes le sigan p'adelante", nos decía. Ya me cansé de explicar y justificar por qué comencé a cantar. Esto era algo hablado y planeado con mi propia madre desde hacía años. Y este era el momento de hacerlo realidad. Punto.

A los Rivera nos corre la música por las venas. Crecimos y nos criamos entre instrumentos y micrófonos. Es lo que nos enseñó mi abuelito a todos. No entiendo por qué a todo el mundo le sorprende que ahora me ponga a cantar. Más extraño resultaría que de repente me diera por convertirme en submarinista o enfermera, ¿no? La música siempre estuvo presente en mi corazón, pero simplemente no era el momento.

Y ahora sí que era el momento: agarré mi teléfono, escribí un WHATEVER enorme dedicado a todos esos *haters* que me comparaban con mi madre y me metí en la cama. Pasé tres noches en vela, pero a la tercera, entre la frustración y el cansancio, sucedió.

Eran las tres de la madrugada. Esa hora me tiene un poco obsesionada, lo reconozco. La hora en la que despegó su avión. Me levanté a tomar un vaso de agua y sentí una necesidad tremenda de orar. Me hinqué de rodillas y le hablé primero a Dios. Después, me dirigí a mi madre, y de mi boca salieron estas palabras:

—Momma, lo siento, lo siento si alguna vez te hice sentir que no eras una buena madre, que no eras lo suficientemente buena para mí. Por favor, perdóname, que yo te perdono. Yo te perdono por haberme dejado en este dolor, te perdono, Momma, te perdono.

Yo misma no podía creer lo que salía de mi boca.

—Te perdono por todo lo que he me hiciste llorar, y por dudar de mí. Te perdono por haberme negado los besos y abrazos antes de partir.

A este punto, las lágrimas me ganaron y di rienda suelta a mi llanto. Pero ya no era un llanto doloroso, era un llanto sanador.

—Sé que todo lo hiciste para convertirme en una persona más fuerte. Y lo soy. Te juro que lo soy. Aprendí la lección. Ahora quiero ser feliz y llevarte en mi corazón. Quiero que me guíes con los niños, con mi carrera. Tú supiste caer, levantarte y ser cada día mejor. Te necesito para salir de esta y seguir cantándote y cantando en tu honor. Y sólo tu amor podrá sacarme adelante. Te amo, Momma, y te perdono.

Apenas pronuncié esas palabras, mis sollozos cesaron y me levanté con la extraña sensación de que mi madre había aceptado mis súplicas y mi perdón. No escuché su voz, pero sí sentí calor en mi rostro y en mi corazón. Y un silencio lleno de felicidad y de paz me envolvió a mí y al resto de la casa.

Regresé a la cama y caí rendida como un bebé. Dormí como hacía años no dormía. Sólo dormí, sin soñar con ella, ni soñar con nadie ni nada. Mi alma estaba agotada, pero era dichosa.

A la mañana siguiente, en cuanto abrí los ojos, la sentí. Mi madre estaba junto a mí, muy cerquita, y me acompañaba en cada paso que daba. Bajé las escaleras, entré en la cocina, salí al jardín. Allí seguía a mi lado. Ya no me rehuía. Y yo ya podía sonreír.

—Ya lo logré, *sister*, ya —le confesé a los pocos días a Dayanna.

—¿La custodia? —me respondió mi amiga en el teléfono. Ella sabía que tarde o temprano yo iba a solicitar la custodia de Johnny y Jenicka aunque fuera por vía legal.

—No, *sister*, el perdón, ya perdoné a mi madre y soy la mujer más feliz del mundo. Te juro que la perdoné al ciento por ciento.

No podía contener mi alegría, y yo sabía que Dayanna era una de las pocas personas que me entendería.

—¡*Oh, God!* Al fin. Ya me tenías preocupada. Te veía sufrir, *sister*, en tus ojos lo veía.

—Sí, todo este lío de "Paloma Blanca" me llegó al alma. Creo que me sentí como se sentía mi madre en sus inicios, cuando nadie le creía y se reían de ella. ¡Qué irónico! Al ponerme en sus zapatos fue cuando la pude perdonar. Nunca mejor dicho.

—Chiquis, ella jamás se salió de tus zapatos, eras tú la que ponías distancia. Pero ya terminó. Cuánto me alegro. Ahora no te salgas de esos pinches stilettos y camina fuerte.

—Te prometo que sí, *sister*. Voy a seguir cantando, y a la chingada con lo que piensen de mí. Y también voy a pelear la custodia. Ahora ya me siento fuerte.

—Pues órale, ahí sí que vas a necesitar algo más que una oración, *sister*. —Dayanna se echó a reír—. Que Diosito y un buen par de abogados te den sus bendiciones.

¡Bendiciones! Si de bendiciones se trataba, las primeras que necesitaba para el asunto de la custodia eran las de Rosie. Yo no deseaba entrar en una batalla legal con mi propia familia.

—¿Por qué Chiquis? —me preguntó mi tía cuando le conté mis intenciones—. ¿Crees que no estoy haciendo un buen trabajo?

—No, tía. No es eso. Es simplemente que lo hablamos con los niños. Ellos están de acuerdo. Johnny me reclamó que por qué no luchaba por ellos.

—OK, es sólo un papel, Chiquis, yo jamás quise ocupar tu lugar, pero si eso les hace felices, no me opondré. Jamás te pelearía algo que ya te pertenece. Los niños siempre fueron tuyos.

Mi tía me dio luz verde y las bendiciones que necesitaba.

A los pocos días de esta conversación, me reuní con ella en

la oficina donde me esperaba con sus abogados y los papeles ya firmados. Al entrar alcancé a escuchar cómo le decían:

—No hay nada que temer, tú, como albacea, todavía te quedas con todo el control del dinero.

—No se preocupen, está bien, no me importa —les dije yo con toda tranquilidad—. Yo sólo quiero lo que es mío: los niños.

Creo que nadie entendía que yo fuera feliz siendo la desheredada. De hecho siento que mi madre me hizo un gran favor. Si me hubiera dejado millones en el banco, creo que me habría tirado en la cama a llorar y me hubiera deprimido más. Al no tener la vida resuelta no me quedaba de otra más que salir a luchar cada mañana y a ganarme el pan. Y dólar que me gano, dólar que es mío. Soy una mujer trabajadora, como lo fue mi madre toda su vida. Y gracias a eso puedo decir que todos los días me levanto en la mañana sintiéndome orgullosa de ser exactamente quien soy.

Sin más que hablar, firmé la petición de custodia y ahora sólo nos quedaba esperar la decisión del juez, que aún tardaría unos meses.

Y mientras, con o sin papel, yo seguía desempeñando el rol de mamá en Encino. Una mamá que de vez en cuando tenía que ponerse firme. Educar a dos adolescentes no es asunto fácil. "Chiquis, no te enojes, pero Esteban me invitó a Estudios Universal y quiero verlo". Así me pidió permiso Johnny, con la esperanza de volver a ver a su gran amigo y héroe del deporte. Yo ya sabía que Johnny le había escrito un texto a nuestro ex padrastro para pedirle perdón por haberse portado tan feo con él durante el escándalo del divorcio. Yo sentí que era el deseo de mi madre que sus hijos hicieran las paces con el pasado y caminaran hacia adelante, por lo que no me opuse a esos saludos y a esas llamadas. Tampoco me opuse a que los dos se vieran después de más de año y medio, y que recuperaran la amistad perdida. Melele lo llevó una tarde al parque de atracciones y luego Johnny me contó que se la pasaron rebien, como en los viejos tiempos. Meses después Esteban rompería su silencio conmigo y me enviaría un texto para saludarme. Yo me alegré y le respondí con cariño pero sin planes de volver a vernos. Quién sabe si algún día nuestros caminos se vuelvan a cruzar... Esta es otra de esas historias que terminan mejor sin un final.

Y hablando de finales, yo tenía otras batallas más importantes que necesitaba ganar: tenía que demostrarle al mundo que no me iba a rajar. Que esta hija de Jenni Rivera había heredado los huevos para no dejar nada a medias. Así que me metí de nuevo en el estudio y grabé mi segundo tema: "Esa No Soy Yo". La letra me venía como anillo al dedo. La escribimos con Julio Reyes pensando en muchas cosas personales y no tan personales. Era la canción perfecta para terminar con la pobre Chiquis y dar comienzo a un nuevo momento. Esta vez la canción no iba dedicada a mi madre, pero ella estuvo muy cerquita de mi corazón mientras la ensayaba y la grababa. El estreno lo haríamos en el escenario de los Premios Juventud.

—¿Estás segura, Chiquis? —me preguntó Iris al verme tan decidida—. Recuerda que esos premios son muy prestigiosos, los ven en varios países y todos los ojos van a estar puestos en ti.

—Estoy preparada, amiga. El qué dirán ya me vale madre. Y recuerda lo que siempre nos decía mi Momma: "No te preocupes cuando hablen mal de ti, mejor preocúpate cuando no hablen nada de ti".

—Tienes razón. ¡Vamos con toda la artillería! No estás sola.

Así era. Ya no estaba sola. Y no me sentí sola ni un segundo al llegar a Miami. Durante los ensayos de los Premios, mi madre estuvo conmigo. Cuando me probé el vestido que me diseñaron los cuates Estrada, ella estuvo ahí dando su visto bueno. Cuando los fans en la alfombra roja me gritaron: "¡Te pareces a tu mamá!", yo les contesté: "¡Pues claro que sí! Me ponga lo que me ponga me parezco. ¡Que me digan que me parezco a ella es el mayor piropo!".

Y esa misma noche, desde el camerino que me asignaron, escuchaba los aplausos. Grandes artistas estaban subiendo ya al escenario en este evento, el más esperado del verano. Mi equipo estaba nervioso, pero con ganas de arrasar y de triunfar. Trajimos a Javier de la Rosa desde México sólo para que me hiciera el maquillaje. Javier era amigo de nuestro Jacob y los dos tenían un estilo muy parecido a la hora de trabajar. Javier me habló mucho de Jacob mientras me transformaba para mi actuación y yo lo sentí ahí, con nosotros, junto a mi madre, peleándose por una pestaña o por un *lip gloss* y contando chistes. Mientras, mi mánager Guillermo entraba y salía dando órdenes e Iris, mi publicista, contestaba llamadas. ¡Estábamos todos, como en los viejos tiempos! Sólo que esta vez me tocaba salir a mí a rifármela.

—¡Chiquis a escenario, Chiquis a escenario! —gritaron por el pasillo. Ya llegó la hora. Torito, mi asistente y buen amigo, me agarró de la mano y me condujo al asiento en el que me subirían con una grúa a lo más alto del auditorio.

Guillermo me dio un último abrazo y me dijo:

—Chiquis, llevamos casi dos años juntos y no importa lo que pase esta noche, seguiremos juntos.

Yo le sonreí con infinita gratitud. Y ya iba volando por los aires, en esa silla elevadiza, cuando escuché a mi Torito que gritaba:

—¡Eres una chingona y le vas a callar la boca a toda esa gente que habló mierda de ti!

Ah, mi Torito fiel...

Y estando allá arriba, suspendida en el aire, sobre el impresionante BankUnited Center y con miles de personas abarrotando el lugar, escuché la voz de mi madre bien clarita y fuerte en mi cabeza: "*We got this*. Lo tenemos bajo control". ¡Era la primera vez que la volvía a escuchar desde su Graduación! Justo entonces la grúa se puso en marcha, me descendieron hasta el centro del escenario, y cuando la cámara se posó en mí, suspiré. Me agarré de ese micrófono con la misma fuerza con la que me agarraba de mi madre en aquellos viajes en bicicleta. "Pasito... más despacio... más alto...". La voz de mi madre me guiaba. "Pasito... derecha... sube la cabeza...". Ella era mi *coach* en cada movimiento. Sin miedos ni nervios empecé a disfrutar de mi momento. "Pasito... espera... ¡con fuerza!". Y con esa voz en el corazón, le eché todos los kilos a los versos finales:

Pero te equivocaste
Esa no soy yo, esa no soy yo

Y ahí mismito grité: "¡Gracias!, ¡te amo! ¡Los amo!".

Dos productores me ayudaron a bajar los difíciles escalones, y el primero que me recibió al pie del escenario fue Guillermo, con una cara de felicidad total.

—¡*You fucking rocked it!* Te salió chingón, Chiquis —me dijo emocionado.

—Lo hiciste, lo hiciste, *baby* —me felicitó Iris, que llegó corriendo y me regaló uno de sus tremendos abrazos.

En el camerino esperaba todo el mundo: mis hermanos, Dayanna, mi tío Juan, mi tía Rosie. Todos unidos, riendo y celebrando una victoria más para la familia. Justo como a mi madre le gustaba. Estábamos todos presentes, incluida ella, sin distancias, sin miedos, sin malentendidos ni rencores. Juntos y en paz.

Y mientras me quitaba el maquillaje frente al espejo y los demás seguían con la gritadera y sus payasadas, pensé: "Te prometo, Momma, que este próximo año me cambio el nombre. Ese será mi regalo para ti. No más Marín. En mi licencia de manejar seré Janney Rivera. Esa sí soy yo".

26.

DON'T WORRY, NO TE PREOCUPES

—**A**quí está, Chiquis. Creo que ya llegó. —Mercedes llevaba en la mano un sobre de color manila, de esos grandes que suelen contener documentos.

—*¡No way!* —me lancé a abrirlo inmediatamente, mientras Jenicka sonreía y Johnny esperaba impaciente—. Es un regalo de Mom: ¡aprobado!

—Felicidades —me dijo muy serio mi Johnny—. Acabas de dar a luz a dos adolescentes. Eres una *hot mom.*

Agitando los papeles en el aire, nos dimos un abrazo de grupo, y hasta Melele se nos unió. Con esto quedaba finalizado el trámite del cambio de custodia que habíamos iniciado meses atrás. Un papel tonto, pero con mucho significado: yo ya era la tutora legal de los niños.

A los pocos días de recibir el papel de la custodia, mi tía Rosie decidió que era hora de empezar su nueva vida también. De momento se mudaría con mi abuelita Rosa y después decidiría si buscaba casa nueva o se quedaba en Lakewood.

En la mañana de su mudanza me encontré una nota en el refri:

Gracias por compartir tu hogar con nosotros y por habernos hecho sentir siempre cómodos. No me despido porque nos veremos mañana. Somos familia.

Se me llenaron los ojos de lágrimas. Mi tía Rosie y yo compartimos penas y dolores en nuestra infancia, pero nada se comparaba a lo que habíamos vivido en estos dos últimos años. No fue un camino fácil para ninguna de las dos. Y ahora llegaba a su fin.

Salí corriendo a buscarla, y la hallé cargando su última maleta en la cajuela del carro. Dentro del auto la esperaban su esposo y sus dos bellas hijas.

—Mi trabajo acá ya terminó. No estés triste, Chiquis. Sabíamos que lo mío era temporal.

—Sí, pero no quiero que te vayas pensando que te corrimos o algo así.

—No, Chiquis, todo está bien. Lo más importante es que creo que cumplimos con los deseos de tu madre. No importa lo que dejara escrito, su verdadera voluntad antes de partir era que tú te quedaras con los niños. No lo pongo en duda.

—Gracias, tía. Esta siempre será tu casa.

—Y siempre será la casa de Jenni y de Chiquis.

Y con un sincero *I love you*, nos despedimos de esta etapa de nuestras vidas.

Cuando el auto desapareció colina abajo, entré en la casa y cerré esas puertas enormes que al juntarse dicen en filigranas de hierro: JR.

—Ahora soy yo quien te lo dice, Momma: no te preocupes. Tu familia y tu casa están bien. De eso me encargo yo.

YOU don't worry.

EPÍLOGO

La última lección que mi madre me enseñó es con la que me gané un Master de la Universidad de la VIDA. En ésa lección me enseñó a no depender de nadie, porque incluso nuestras sombras desaparecen en la oscuridad. Creo firmemente que me abandonó dos meses antes de su graduación Celestial para que yo me hiciera fuerte y pudiera cuidar a mis hermanitos. Me preparaba de antemano ante la pérdida y el dolor por una razón. Ese dolor y hasta coraje por haberla perdido fueron mi motor para salir adelante, especialmente durante todo el 2013. No lo entendía entonces, pero ahora estoy dispuesta a graduarme de mi Doctorado de la Vida cuando llegue el momento. Este mundo será duro, pero yo lo soy más. Ahora, más que nunca, sé que, en lugar de huir del dolor, estoy preparada para aceptarlo, porque cada experiencia es una oportunidad para aprender y juntos crecer un poquito más. Después de todo, el dolor no es más que un camino para subir a niveles emocionales y espirituales más altos. Si eres lo suficientemente sabio para entenderlo, saldrás ganando. La vida es un tremendo desmadre, pero esa es su belleza, su beeUty… Venimos a este mundo a evolucionar para mejor. #BeeWise #QueenBee.

Me han sucedido muchas cosas en estos veintinueve años de vida. He experimentado momentos maravillosos, momentos terribles y otros difíciles de comprender. Perdonar no ha sido mi primer instinto cuando mi vida daba una vuelta trágica o complicada. Hoy puedo con toda la sinceridad de mi corazón decir que no guardo ningún resentimiento. Estoy en paz con todo lo que sobreviví en mi niñez, con todo lo que pasó en octubre de 2012 y con las decisiones que tomó mi madre. Acepto con fe y humildad el camino que Dios trazó para mí desde que llegué a este mundo. Aunque a veces no lo comprenda, me siento libre y satisfecha con el plan que Él tiene para mi vida.

A la hora de completar estas páginas recordé que el perdón siempre debería ser una carretera de doble sentido. Por eso quiero pedir perdón a aquellos que ya perdoné en su día, pero a quienes todavía no les he presentado oficialmente mis disculpas por el daño que yo también les causé.

A la primera a la que quisiera pedir perdón es a mi abuelita Rosa. En todo este gran drama familiar creo que nos olvidamos un poquito de ti, *grandma*, y no te escuchamos como deberíamos haber hecho. ¡Tantos consejos que nos das y siempre terminamos metiendo la pata! Tú, abuelita, tienes la sabiduría que te ha dado la vida y que te dio tu enorme amor por Dios. Perdóname también si no te llamo o no te visito más seguidito y no te dedico la atención que te mereces. Después de todo, tú fuiste mi primera mamá, la que me brindó mi primer hogar verdadero y, sobre todo, muchos frijoles.

Perdón, Tío Juan y Tía Rosie, por empujarlos lejos de mi vida. Me enfoqué tanto en mi pena que se me olvidó que ustedes también perdieron a una hermana. Sé que todo lo que hicieron estos dos años fue por nuestro bien y les pido perdón por no entenderlos, porque yo andaba tan atorada en mi propio dolor. El dolor a veces te vuelve egoísta. Perdón.

Y me falta ofrecer otro perdón a otro tío que ha sido como otro padre para mí. ¡Cómo olvidarme de esas bolsas repletas de taquitos que me traías cada día solo para ver mi sonrisa cuando entrabas en la casa de Ellis! Querido Tío Lupe, aunque mientras escribo estas líneas todavía nos queda una plática pendiente, quiero que sepas que te estoy perdonando día a día, poquito a poquito, porque algunas cosas que hiciste aquella semana en la que perdimos a mi madre no me gustaron, porque en estos dos últimos años te separaste mucho de nosotros. Pero recuerda que los Rivera somos muy afortunados: podemos pelear siempre que se nos antoje, mas el amor de familia que nos une es mucho más fuerte que mil broncas y mil disgustos. Ya basta de hacernos daño. Piensa que a ti te dio tiempo de reconciliarte con mi madre cuatro semanas antes de que partiera. A mí no. No hagamos que esto se repita. No tentemos al destino. Espero con teléfono en mano tu llamada para que me pidas perdón y yo a ti.

A mi hermosa hermanita Jacqie, lo siento porque no te digo que te quiero tantas veces como a los pequeños. Mi intención jamás fue que te sintieras excluida. Perdóname, porque ser la segunda no es fácil. Crecer como la número dos te obligó a obedecer mis órdenes y heredar mis tenis. Y yo, la número uno, me creí más sabia y más imprescindible. Así de arrogantes somos las hermanas mayores. Pero quiero que sepas que en mi corazón tú siempre serás MI número uno, porque fuiste la primera hermanita que Dios me regaló, y nuestra historia juntas tiene muchas páginas que jamás se borrarán. Perdóname, Jacquelin.

Y por último, quiero pedir perdón a esa niña chiquita y cantarina a la que le fascinaba ir al *swap meet* los sábados con sus abuelos. Es esa niña que vive dentro de mí. Entre tanto ir y venir, me olvidé de ti y no te di todo el amor y el tiempo que necesitabas. Me perdí en complacer al mundo y me olvidé de mimarte como te mereces.

Pero nunca es tarde, y tú sigues siendo chiquitita en mi corazón. Así que te prometo que a partir de hoy me tomaré un tiempito para ir a comprarte un chocomilk y un birote cuando cierren el mercado, y me sentaré en la banqueta a saborearlo junto a ti, sin prisas.

Si me perdonas, pequeña compañera, me darás alas para volar libre. Porque en mi corta pero intensa vida he aprendido un par de cositas. La más importante es que sólo a través del perdón alcanzamos la verdadera LIBERTAD.

CARTA A MI MADRE

Querida Momma:

Siento que ha pasado una eternidad desde la última vez que te escribí una carta. Hoy mi corazón se rompe en mil pedazos con tan sólo pensar que nunca más te podré dedicar otra tarjeta del Día de la Madre. No puedo ni explicar el dolor que me inunda el alma cada mañana al despertar. Cuando te fuiste, me enojé con el mundo, con Dios, contigo, conmigo misma y con la vida por llevarte lejos de mí tan rápido, sin explicación alguna, y sin tan siquiera un último adiós. Mi fe fue puesta a prueba. El hecho de perderte sin tener la oportunidad de hablarte una vez más fue insoportable. Al igual que la pena de tener que lidiar con todo lo que tu partida ocasionó.

Sentí que me quedé navegando sola en un mar de chismes y especulaciones. Te necesitaba Momma. No sabía cómo iba a enfrentar al mundo sin tu protección y tus consejos que nunca me fallaron. ¡Tú siempre manejaste los medios tan bien! Yo no sabía qué hacer, y dudé si debía publicar este libro o esconderme para siempre. Al principio, escribirlo era solo para contar mi lado de la historia, pero, con el paso del tiempo, me di cuenta de que este libro significaba mucho más: Es mi tributo a ti. Decidí también usar estas páginas para sanar mis heridas más profundas. Ha sido un largo e intenso viaje hacia el *PERDÓN*.

Momma, nuestra vida puede ser descrita como una bella historia de amor. Nuestro lazo de madre e hija, y todo lo que vivimos juntas, fue, lo miren como lo miren, una extraña locura. Pero tú me enseñaste a levantar la cara al viento, siempre de pie. Y hoy siento que tú estás de pie a nuestro lado, cada día.

Estoy escribiendo esta carta en mi vuelo de regreso de Las Vegas. No puedo evitar pensar en ti cada vez que me subo a un avión, y mucho menos después de un día tan bello como el de hoy. La firma de autógrafos de esta mañana fue un éxito, la gente me dedicó todo su amor y cariño... y no puedo agradecerle a nadie tanta bendición más que a Ti, y a Dios.

Gracias mamá por todo lo que trabajaste por nosotros.

Gracias por no rendirte jamás y enseñarme a ser una guerrera como tú.

Gracias por hacerme una mujer fuerte e independiente.

Gracias por haber sido dura conmigo a veces.

Gracias por esas lecciones de vida intensas y llenas de sentido.

Gracias por dedicarme esa última canción.

Gracias por ser la MEJOR, la más grande de las madres que una chava pueda tener.

Perdóname, mamá, por no valorar tus lecciones.

Perdóname por haber sido, a veces, crítica y dura contigo, también.

Perdóname por no haberte dicho suficientemente cuánto te amo.

Qué triste que no sepamos apreciar lo que tenemos en nuestras manos hasta que lo perdemos... hasta que ya no lo podemos acariciar.

¡Te extraño tanto!

Confieso que ha habido días en los que le he pedido a Dios

que me lleve contigo. Extraño tanto tus abrazos llenos de protección que me hacían sentir que ése era mi lugar, junto a ti. Pero cuando esto me sucede, rapidito resuenan tus palabras en mi oído: "Chiquis, no te rajes". Esa frase siempre me recuerda que debo ser la mujer fuerte que tú criaste. Te prometo, mamá, que no me rajaré. No sólo por los niños y por mí. Seguiré en pie por la vida misma, porque recuerdo nuestro plan. No me daré por vencida hasta que, trabajando duro, lleguemos a la meta.

Momma, también necesito decirte que te perdono de corazón. Sé que tu intención no era dejarme con este lío, ni tampoco hacerme daño. Sé que en tu corazón jamás creíste que yo era capaz de traicionarte. Estoy segura de que lo hubiéramos hablado y entre las dos lo habríamos arreglado. Pero un giro inesperado del destino se nos adelantó y no nos dio tiempo. Sé que tú sabes la verdad y eso me da una inmensa paz.

Momma, el avión está a punto de aterrizar, y tengo que ir a ver a tus *babies*. Pero antes, quiero que sepas que Tú y sólo Tú eres y siempre serás el amor de mi vida. La única dueña de mi corazón. Sueño con el día en el que Dios me permita verte otra vez.

¡Te amo desde aquí hasta el mismito cielo, momma bear!

♥

¡Tu princesa Quismin!

*Y cuando la tormenta de arena haya pasado, tú no comprenderás
cómo has logrado cruzarla con vida. ¡No! Ni siquiera estarás
seguro de que la tormenta haya cesado de verdad. Pero una cosa
sí quedará clara. Y es que la persona que surja de la tormenta
no será la misma persona que penetró en ella.*

—HARUKI MURAKAMI, *KAFKA EN LA ORILLA*

AGRADECIMIENTOS

Me gustaría darle las gracias a mi madre, por ser mi roca firme, mi maestra, y mi inspiración diaria. Sin ti, momma, este libro no existiría. ¡Te amo hasta el infinito y más allá!

Gracias a mis hermanos y hermanas: Jacqie, Mikey, Jenicka y Johnny, por ser mi fortaleza día tras día, especialmente después de aquel 9 de diciembre. Gracias por ofrecerme su amor incondicional y por enseñarme a ser una mujer más fuerte. Ustedes son los dueños de mi corazón.

A mis abuelitos, doña Rosa y don Pedro Rivera, los pilares de nuestra familia. Gracias por sus esfuerzos, sacrificios y dedicación. Gracias por su amor y su ejemplo a seguir. Los amo, abuelitos.

Gracias, Tío Juan, el único padre de verdad que he tenido. Gracias por tus consejos, amor y protección. Gracias por defenderme cuando nadie más lo hizo, pero sobre todo gracias por amarme, con mis defectos y todo. Te amo.

A mi sobrina maravillosa Karina, gracias por cuidarme siempre y estar de mi lado desde que éramos chiquitas y nadábamos en tu alberca todo el santo día. Gracias por hacerme reír y no dejar que me hundiera nunca. Gracias por ser simplemente TÚ.

A mis entrañables amigos Gerald Gamble, Julie Anguiano, Ellen Mariona, Briana Hauser y Yadira Quiñonez, gracias por quedarse a mi lado antes, durante y después de la tormenta. Gracias por preocuparse de que estuviera bien ante toda circunstancia. Los AMO y aprecio a cada uno de ustedes.

AGRADECIMIENTOS

A mi mejor amiga, Dayanna Soto, mi hermana del alma, gracias por estar ahí durante los momentos más duros de mi vida y por creer en mí incluso cuando yo no creí en mí misma. Gracias por tu lealtad y amistad, pero te agradezco incluso más esas conversaciones tan profundas o de puras tonterías. Te amo, hermana.

Un agradecimiento enorme y tremendo para mi INCREÍBLE equipo: mi manager, Guillermo Rosas, de Sixth House; a mi publicista, Iris Corral; a José Manuel Martínez (El Torito); a Julio Reyes, mi maestro de canto; a Neomi Valdivia y a toda la familia de Sixth House por trabajar sin descanso en mi carrera musical. Gracias por su apoyo incondicional, consejos y honestidad. Pero sobre todo, gracias por #believing en mi y en mi visión.

Gracias a mis fans #bossbeenation y a cada persona que ha apoyado mi carrera a pesar de lo se haya escrito o dicho de mí. Gracias por el amor incondicional que me brindan sin expectativas ni límites. Gracias por abrirme sus corazones y permitirme demostrarles quién en realidad soy. Su apoyo es una bendición en mi vida.

Gracias a María García que me escuchó como una hermana. Caminamos juntas esta aventura de escribir un libro. Gracias por tu trabajar sin descanso. ¿Estás preparada para el siguiente?

Gracias a mi otro ángel aquí en la tierra, porque me ha guiado, protegido y ayudado a ser un poquito más sabia y fuerte. No importa lo que nos depare el futuro, siempre te estaré agradecida. Te amo, mi #BBN27.

Gracias a toda mi familia y amigos a los que no mencioné aquí, pero que son igualmente importantes y han jugado un papel ENORME en mi vida personal y profesional. Los amo a TODOS.

Esta aventura no hubiera sido posible sin la ayuda de la gente maravillosa de Atria Books: Judith Curr, presidente de Atria Books, y mi querida editora, Johanna Castillo, junto con todo el equipo editorial en Nueva York. Gracias por creer en mi historia.

¿NECESITAS AYUDA?

No estás solo, no estás sola.

Visita: www.bossbeenation.net

Entra a nuestra colmena online y participa con los demás lectores de *PERDÓN*.

Pide consejo,
da consejo,
busca información,
comparte tu opinión,
y todo de manera anónima.

Expertos y otros sobrevivientes de abuso, *bullying* o violencia doméstica están en bossbeenation para ayudarte.

Otras líneas y páginas de ayuda a sobrevivientes de abuso donde hablan español:

National Sexual Assault Hotline
1-800-656-HOPE

¿NECESITAS AYUDA?

Rape Abuse & Incest National Network
https://www.rainn.org

Stop Bullying
http://www.stopbullying.gov

National Domestic Violence Hotline
1-800-799-7233
http://www.thehotline.org